訓詁學的知識與應用

陸宗達 王　寧 宋永培 著

中華書局

圖書在版編目（CIP）數據

訓詁學的知識與應用/陸宗達，王寧，宋永培著. —北京：中華書局，2018.1（2025.7 重印）
ISBN 978-7-101-12857-4

Ⅰ. 訓… Ⅱ. ①陸…②王…③宋… Ⅲ. 訓詁–文集
Ⅳ. H13-53

中國版本圖書館 CIP 數據核字（2017）第 251549 號

書　　名	訓詁學的知識與應用
著　　者	陸宗達　王　寧　宋永培
封面題簽	張恩和
責任編輯	李碧玉
責任印製	管　斌
出版發行	中華書局
	（北京市豐臺區太平橋西里 38 號　100073）
	http://www.zhbc.com.cn
	E-mail：zhbc@zhbc.com.cn
印　　刷	三河市宏達印刷有限公司
版　　次	2018 年 1 月第 1 版
	2025 年 7 月第 4 次印刷
規　　格	開本/920×1250 毫米　1/32
	印張 7⅜　插頁 4　字數 160 千字
印　　數	7501-8500 册
國際書號	ISBN 978-7-101-12857-4
定　　價	39.00 元

專注於《説文》研究的陸宗達先生

2001年9月王寧與宋永培在杭州章太炎先生墓前

1985年10月黄季剛先生誕生一百周年逝世五十周年紀念會（武漢）
陸宗達先生與宋永培、章念馳、王寧、謝棟元

1985年11月陸宗達先生和他的第一屆博士生宋永培在家中

"释菜"解

《风俗通义·穷通》"孔子困于陈、蔡之间，藜羹不糁。如犹弦琴于室。颜回释菜于户外。"案《周礼·春官·大胥》曰春入学，舍采。今舞是"释菜"即"舍采"。郑玄注曰玄谓舍即释也。采读为菜。始入学必释菜，礼先师也。菜，藻蘩之属。"又《记·王制疏》引《文王世子》亦作"释菜"。至于《庄子·让王》、《吕氏春秋·慎》作"释菜"应为释的词体。又《记·月令》曰，"上丁，命乐正习舞·释菜。"此可证入学习舞之事。郑玄《纸注》云，"乐正乐官之长也。命习舞者顺万物始出地故舞也。将舞必释菜於先师以礼之。"又注《仲丁习乐》云，"为季春将舍舞"《月令》所说的可以证《周礼》的"舍菜舍舞"。凡入学必先释菜，礼先师也。入学指入大学，先行释菜，不用器或礼乐。仅用芹藻。《左传·桓三年》蘋蘩蕰藻之菜。郑云《学记疏》菜谓芹藻之数。"其实野生菜数极多，随地所生皆可用为释菜（舍菜）。

贾公彦说"按文世子"云，始立学，释菜。

(1458) 20×20=400

北京市电车公司印刷厂出品 八开 一

陆宗达先生手迹《"释菜"解》（一）

不舞，不授器。金即释也。采即菜也。故以为学子始入学，礼先师也。（释菜也）但以为学子始入学释菜，礼先师也。学子入学之礼轻，并不及先圣也。郑玄注《文王世子》"若汉礼有南堂生，果有制氏，诗有毛公，书有伏生。"古代入学之礼有三，一曰，释菜。惟置蘋藻，无牲牢，无币帛。二曰释奠。《文王世子》授"始立学用币。"《孔疏》熊安生云，"用币则无奠，用菜则无币。"三曰释奠。《文王世子》"凡始立学者，必释奠于先圣先师。"又曰"天子视学祭先师先圣。"

北京市电车公司印刷厂出品 八四·一
(1458) 20×20＝400

陆宗达先生手迹《"释菜"解》（二）

出版説明

　　本書三位作者是兩代師生：第一作者陸宗達先生，是我國當代的訓詁大師，對訓詁學在當代的發展作出了卓越的貢獻。其他兩位作者王寧教授和宋永培教授分別是陸宗達先生二十世紀六十年代和八十年代的學生，在中國傳統語言文字學方面也都學養豐厚，有諸多創見。八十年代中葉，他們在秉承章黄之學"明其理，得其法"的指示下發掘訓詁原理，將一些字詞考據寫成通俗的文章在多個刊物上發表，之後將這些文章結集出版。本書第二作者王寧教授在"後記"中詳細説明了成書的過程，可供讀者參閲。

　　本書一九八七年由語文出版社首次出版，距今整整三十年，但作者提出，訓詁學要"把眼光放在多數人的需要上，放在民族文化的普及上，讓更多的讀者來關心它、應用它"，這個理念，今天仍具有時代精神，合乎訓詁學現代發展的方向。但也正如作者在"説明"裏所説，這本書對專業人員來説，似可稱爲普及，而對一般讀者，仍應歸入提高的範圍。

　　本書經過刪節，曾於一九九四年與《訓詁方法論》、《古漢語詞義答問》合編爲《訓詁與訓詁學》在山西教育出版社出版，此次出版仍復其原貌，各自單行。我們請本書作者之一王寧教授重新審校了全書，根據王寧教授的意見保留了一九八七年版的"説明"、"後記"，因爲其他兩位作者都已辭世，她表示基本保留原文不做改動,也不再寫其他説明。本書末所附《陸宗達論著目録》,亦依當時所收集,其後發表、出版的論著,不作補充。

謹此對章黄學術的努力與堅守,致以崇高的敬意。

中華書局編輯部

二〇一七年十月

目　録

説　明

　　本書所編入的,是我們一九八三年之後所寫的關於訓詁學的普及和應用的部分文章。這些文章寫作的時間比較集中,爲了體現普及和應用這一特點,在引用實例時,我們有意做到將采例面縮小,對一些有代表性的例證從不同角度反復申說,這樣做,有助於讀者從多個側面充分認識和把握這些例證,以便在此基礎上比較容易地理解有關的訓詁原理。因此,在這次編選文章時,這些例證雖出現不止一次,我們都因論述中心各異而一併保留了。

　　近年來,我們更進一步認識到,訓詁學是一門與普及民族文化密切相關的學科,因此,它本應有較高的社會實用價值,只是因爲舊訓詁學的一些局限,才使一般人苦於它的古奧而不敢涉足,因此,我們希望在訓詁學的普及方面多做一點工作。但是,由於各種原因,這種普及工作做起來也有很多困難,我們所能做的實在也很微小。至於普及的對象,也只是一般的語文工作者,最多能達到文言文閱讀水平較高些的高中學生。就舊訓詁學僅爲極少數人懂得的狀態來說,這不能不說是普及;而就訓詁學在當代應有的實用價值來說,這種工作似乎又應劃歸提高的範圍。不過,我們始終堅信,在訓詁學不斷提高、深入研究的同時,把眼光放在多數人的需要上、放在民族文化的普及上,讓更多的讀者來關心它、應用它,這應當是訓詁學在當代能獲得新的生命力的一個重要因素,現在和將來,都需要有很多人嚴肅地爲之付出力量。這本書,就算是我們對這一主張的初步實踐吧!

本書按五部分編排:第一部分是我們對訓詁學的理論建設和普及應用的意見;第二部分是對一些訓詁原理的普及性説明;第三部分是對一些訓詁書和訓詁家的介紹;第四部分是關於詞語的解釋;第五部分是關於古代禮俗的考證。我們的工作存在很多缺點,希望讀者批評指正,也希望讀者和我們一起投入普及訓詁學這一有意義的工作。

作　者

一九八七年五月

訓詁學的普及和應用

訓詁學是我國一門古老的傳統科學，它在文獻大量產生的先秦時代已具雛形，之後興於漢代，以後歷代皆有發展，到清代已比較成熟，所以，前人給今天留下的可以借鑒和吸取的東西很多。訓詁學又稱文獻語義學，它是以解釋古代文獻語義為應用目的的。這門科學在保留和繼承我國文化遺產上立過汗馬功勞，它是打開我國文化寶庫的一枚鑰匙。

訓詁學包含着很多古漢語詞義學的理論，積累了很多釋詞的方法與經驗，它應當是漢語詞義學的前身，所以至今仍有着重要的理論價值。同時，用文言文寫成的古代文獻今天還有很多未加整理，經過整理的文獻，也大多是用文言文注釋的，現代人讀起來存在着困難，而閱讀各種文言文，不但在有關學科中，而且在人們的日常生活中，也已成為越來越多的人必不可少的需要，所以，訓詁學還有很大的實用價值。能夠掌握基本的訓詁知識，運用訓詁學來讀古籍，這對從事語文教育工作的人來說，尤為重要；語文教師學訓詁，不只是有利於教學中掌握語言規律，使詞彙教學科學化，而且將對訓詁學的普及起到很大的推動作用。

訓詁學在中學語文教學中的應用是多方面的。

拿文言文教學來說，有一部分詞語，課本雖作了注釋，但一般只講當然而不講所以然，教學者往往機械引用，則難以理解深透。例如《賣柑者言》裏說："今夫佩虎符、坐皋比者，洸洸乎干城之具也,果能授孫、吳之略耶?"初中語文課本第四册注:"皋比,虎皮。將軍座位上墊着虎皮。"但皋比爲什麼是虎皮呢?將軍座位上又爲什麼要墊虎皮呢?訓詁材料告訴我們,古代戰爭中,虎皮是個重要的戰具,人們利用敵人畏虎的心理,披虎皮進攻以取勝。例如,《左傳·莊公十年》記載,魯國的公子偃蒙皋比而先犯宋師。杜預注:"皋比,虎皮。"《僖公二十八年》又記載,晋楚城濮之戰時,胥臣把虎皮蒙在馬背上進攻陳、蔡。這兩次用虎皮嚇唬敵人,都取勝了。作戰時以虎皮取勝,休戰時便收起虎皮表示和平。《禮記·樂記》説:"倒載干戈,包之以虎皮,將帥之士使爲諸侯,名之曰建櫜,然後天下知武王之不復用兵也。"這進一步説明虎皮標誌戰鬥中的威武。將軍的座位上墊虎皮,是古代軍事的一種遺風,以示率兵者的威武。運用訓詁學因聲求義和以形索義的方法,還可以知道,"皋"是"虢"的借字,二字都從"㚏"(tāo)得聲。"虢"字見於鐘鼎文,其字從"糸"、從"虎",表示把虎皮連綴起來的意思,"比"也有連結之義。"皋比"就是縫合起來的虎皮。類似這些材料,初學文言文的學生大可不必全都知道,而擔負着幫助學生提高文言文閱讀水平的責任的教師,多知道一些這種材料總是有好處的。

　　文言文裏還有一些詞,在今天的書面語或口語裏依然存在,讀來似不生疏,但這些詞在文言文中的詞義却與今義迥然不同。這些詞雖有注釋,讀者仍然易生疑慮,有時勉强接受了,其實作出的可能是一些似是而非甚至牽强附會的解釋。因此,教學者在備課時應當作兩件工作:一件是查找訓詁材料,弄清某詞作某義解釋的根據,並證明這個解釋非此一處,而有諸多先例。另一件是運用訓詁方法,説明某詞訓某義的來由,並分析古義與今義的關係。例如，《隆中對》"遂用猖獗"，初中語文課本第五册注："猖獗，這裏是失敗的意思。""猖獗"在今天與"猖狂"是同義詞；而當"失敗"講，與一般人理解的常用義距離太遠，似乎使人難以接受，但是，懂得查找訓詁材料的人，便可以知道這個注釋的根據。清代的詩人兼史學家趙翼（甌北）在《陔餘叢考》中説：

> 今人見恣橫不可制者，輒曰"猖獗"，史傳亦多用之。然更有別義。漢昭烈謂諸葛武侯曰："孤……智術淺短，遂用猖獗。"王彪之謂殷浩曰："無故匆匆，先自猖獗。"劉善明謂蕭道成曰："不可遠去根本，自詒猖獗。"丘遲《與陳伯之書》："君不能内審諸己，外受流言，沈迷猖獗以至於此。"金將張柔爲蒙古所敗，質其二親，柔嘆曰："吾受國厚恩，不意猖獗至此。"凡此皆有傾覆之意，與常解不同。

趙甌北一口氣舉了那麼多例子，其中恰恰包括《隆中對》的一例，足可以證明"猖獗"一詞在漢魏六朝時代確可用"傾覆"來解釋，"傾覆"即是失敗。這幾乎是當時的一個慣用術語了。推究這個意義的來源，可以知道"猖"是"踢"的借字，《説文》："踢，跌也。""獗"是"蹶"的借字，"蹶"有"倒"義。"猖獗"就是"踢蹶"，也就是"跌倒"，説俗了就是"栽跟頭"、"摔跤"，所以訓作"傾覆"，是對失敗的一種極爲形象的説法。而"猖獗"當"猖狂"講，"猖"應寫作"倀"。《説文》："倀，狂也。"朱駿聲説："倀，俗字作猖。"經過分析可以明確，"猖獗"當"傾覆"講和當"猖狂"講，不是一詞多義，而是異詞同字，也就是兩個不相關的詞，書寫形式偶然相同。"傾覆"義與"猖狂"義雖同寫"猖獗"，其實不共一詞，彼此是沒有什麼關係的。

　　然而在更多的情況下，同一詞形所具有的多義，彼此是相關的。一個詞的諸多意義，表面看來有時零散而無系統，教師一個一個地講，學生只有一個一個地記，這往往成爲提高閱讀水平的一個極大的難題。實際上，掌握訓詁學引申的理論，就可以找到詞的義源和本義，從而抓住詞義的特點，把同一詞的多義繫聯成有系統的義列，便於學，也便於記。例如"質"字，在中學語文課本裏有下列詞義：

（1）質地，底子：

　　《捕蛇者説》："永州之野産異蛇，黑質而白章。"

（2）天資，素質：

　　《送東陽馬生序》："其業有不精，德有不成者，非天質之卑，則心不若余之專耳，豈他人之過哉？"

（3）抵押或人質：

　　《獄中雜記》："惟大辟無可要，然猶質其首。"

　　《觸龍説趙太后》："必以長安君爲質，兵乃出。"

（4）斧墊（殺人刑具墊斧的砧板）：

　　《廉頗藺相如列傳》："君不如肉袒伏斧質請罪。"

（5）詢問：

　　《送東陽馬生序》："余立侍左右，援疑質理，俯身傾耳以請。"

（6）端始：

　　《指南録後序》："質明，避哨竹林中。"

（7）進見之禮：

　　《屈原列傳》："惠王患之，乃令張儀佯去秦，厚幣委質事楚。"

要想瞭解這些意義的關係，首先要找到"質"的義源。"質"的古字寫作"斦"(zhì)。《説文·十四上·斤部》："斦，二斤也，从二斤。""斤"是斧子。斧子頭是個五面體(⬠)，兩個五面體拼起來就成了一個立方體。我國古代的數學書《九章算術》有"邪(斜)解立方得兩塹堵"的算法。斧頭的五面體即似斜解立方後的塹堵。所以，"斦"的字形爲兩斧相對，表示一個立方體。漢代張衡造渾天儀，曾有"立圜曰渾，立方曰質"的定義，很能説明"斦"的形義關係。但是古代的詞不可能以抽象數學概念爲本義。考察古代文獻，"斦"(質)的本義是建築物柱子下墊着的立方體基石。《墨子》所説的"兩柱同質"，《韓非子》所説的"公宮令舍之堂，皆以鍊銅爲柱質"，都是用的"斦"的本義而字寫作"質"①。找到了本義，便可以統帥其他的引申義。立方體基石的特點是墊在最下面充當基礎，而古代的柱石必須兩兩對稱。上面所引的七個意義，都是從"斦"的這兩個特點引申出來的，可以整理爲以下義列：

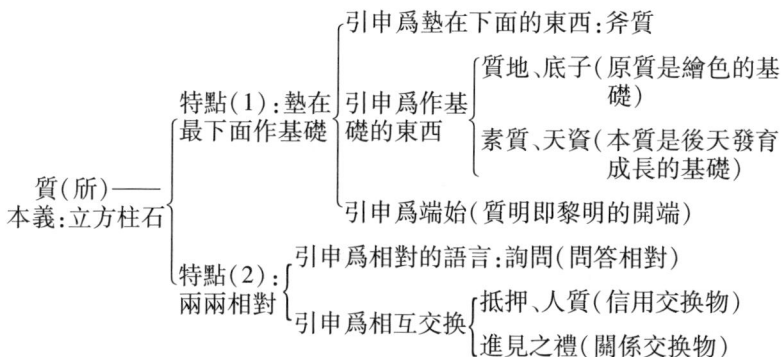

質(斦)——本義:立方柱石

特點(1):墊在最下面作基礎
　引申爲墊在下面的東西:斧質
　引申爲作基礎的東西
　　質地、底子(原質是繪色的基礎)
　　素質、天資(本質是後天發育成長的基礎)
　引申爲端始(質明即黎明的開端)

特點(2):兩兩相對
　引申爲相對的語言:詢問(問答相對)
　引申爲相互交換
　　抵押、人質(信用交換物)
　　進見之禮(關係交換物)

---

① 從章太炎説，見《文始》。

除了假借義外,凡引申都可由本義的特點出發,整理成有系統的義列,使多義詞詞義的教學收事半功倍之效。

不僅文言文的詞義教學需要靠訓詁學來推究義源、闡明含義、比較異同、繫聯引申,就是現代人的文章,文中的很多詞語,也需要運用訓詁材料來確切地説明它的意義。例如,魯迅的《自嘲》詩中"橫眉冷對千夫指",有人就誤以"橫眉"的"橫"爲"橫竪"的"橫"而不去深想,眉毛焉能不是橫着的? 其實"橫"的本義是貫穿門户的門栓,它不只有橫放的特點,還有阻擋開門的作用,由阻擋引申爲"違逆"、"不順",這裏的"橫"就是用的引申義,當"不順"講。橫眉即是皺起眉頭,用形象的話説,就是眉毛如同打了結,這纔顯出一副冷對群敵的怒象。又如,大年三十晚上爲什麼叫"除夕",先得考究"除"的古義。"除"從"𨸏",本義是殿陛,也就是臺階。杜甫《南鄰》詩有"得食階除鳥雀馴"之句,"階"與"除"連用。臺階需要一級一級地更易而上下,所以"除"引申有"更改"、"替換"的意義。大年三十晚上正是舊年更改爲新年、新年替換舊年之交,所以稱爲"除夕"。"除夕"的"除",用極晚的引申義"除去"、"除掉"來解釋,是解釋不通的。

學點訓詁學,還可以增長許多有趣的課外知識。例如,吃飯的"筷子"爲什麼叫"筷"? 是因爲古代的筷子叫"箸",南方的船家忌諱它與"住"同音,改用行船快的"快"來代稱而取吉利。後來,這個行業禁忌詞進入了全民語言,"箸"就變了"快",南方的筷子是竹子削成,所以字又加了"竹"頭。又如,叔母爲什麼叫"嬸"? 舅母爲什麼叫"妗"? 因爲"嬸"與"妗"古音都以"m"作尾音,"嬸"等於"叔+m",是"叔母"的合音,"妗"等於"舅+m",是"舅母"的合音。還有不少口語詞是由合音或分音形成的呢!

　　訓詁學作爲一門專門的學科，因爲研究對象是綿亙幾千年的歷代文獻，而古人闡述問題又往往缺乏固定而明確的科學術語，所以開始接觸時不免會感到有些深奧。但是，通過近代人的努力，訓詁材料經過整理的已很多了，一般可以查找；訓詁原理也在逐漸理論化，完全可以爲有基本漢語知識的人掌握。因此，和任何學科都有提高有普及一樣，訓詁學的基本理論和基本方法是能夠被一般人理解和應用的，是可以也亟需普及的。以前，由於受極“左”思潮的影響，訓詁學長期受到壓制，許多人不了解它的實用性，把它的普及工作耽誤了，這對發展我們民族的文化是很大的損失。在振興民族文化、建設精神文明的今天，訓詁學的普及勢在必行，而教育戰綫的語文工作者，一定會成爲承擔這項普及工作的一支先行隊伍，熱愛並努力學習祖國文化知識的廣大群衆，也一定會成爲這項工作的强大推動力量。

訓詁學的理論建設

訓詁學是中國傳統語言學的一個部門。它歷史悠久，材料豐富，經驗充足，成就極爲輝煌。在封建社會一段相當長的時間裏，訓詁學幾乎概括了一切傳統科學，具有極爲顯赫的地位。這是由兩個原因決定的：第一，早期訓詁學附麗於經學，是專爲解經而設的實用語文學。在中國的文化史上，經書曾是歷代統治者進行思想統治的强有力的武器，又是封建知識分子代代相傳的求取功名的教科書。解經的訓詁學，也就因此而變得格外重要。從訓詁專書《爾雅》居然也在漢代設立博士，以後又進入經書的行列，便可知道訓詁學的重要地位了。第二，中國古代自然科學不發達，社會科學主要是文、史、哲，而古代典籍的内容裏，文、史、哲是不分家的。史與哲又包括了各種其他科學的零零散散的内容。因此，解釋經書語言的訓詁材料，便帶有極爲廣泛的綜合性。它不但包含了相當於現代語言學的各個部門——文字、詞彙、語法、語音、修辭、文體、風格，包含了版本、校讎、目録，還包含天文、地理、風俗、禮制、思想、心理甚至工業、農牧業、數學、物理等等與古代生産生活有關的一切方面的内容。它確是古代文化遺産的大寶庫。可以説，研究古漢語語言學的任何部門，都得追溯到訓詁上去，而研究中國古代社會的任何一個方面，也都得查找訓詁資料。不少訓詁大師，便因此成爲古代傳統科學的多面手。

　　訓詁學至今仍有極重要的理論價值與實用價值。從理論上說，它是漢語詞義學的前身，它奠定了漢民族語言詞義學的基礎。像詞義這種帶有鮮明民族特點的語言因素，單靠引進國外的理論研究成果，是總結不出切合漢語實際的規律的，路子還要從本民族的傳統科學中去找。從實用上說，凡是與閱讀古代文獻有關的學科，諸如歷史學、中醫學、考古學、辭典學、古典文學、古生物學、古地理學，都需要用訓詁學作爲工具。所以，對訓詁學應當繼承、發展，而不是擯棄。

　　中國傳統的文字訓詁學稱作"小學"，又稱"樸學"，它提出過"爲實"的口號①，明確過"實事求是"的指導思想②。可以看出，它是重材料、重實踐的。這帶給它從實際出發，不事空談的優良學風，但也同時帶給它明顯的弱點，那就是缺乏對理論的探討，更缺乏對原理、規律的系統闡述，言其然者多，言其所以然者少。漢代奠定了訓詁的基礎，産生了數千卷解釋先秦典籍的注釋書，也出現了《爾雅》、《方言》、《説文解字》、《釋名》等成就卓著的訓詁專書。在這大量的訓詁資料中，不乏理論的課題。例如，在《説文解字叙》裏，許慎明確了漢字據義構形的總原則"分理別異"，總結出漢字形體構造的"六書"之説，指出漢字"厥意可得而説"的可解釋性，還提出了漢字字數上"孳乳浸多"而字形上"以趨約易"的發展趨勢……可以説，許慎總結出的這些規律，奠定了訓詁學"以形索義"方法的理論基礎。可惜這些規律在當時並未得到系統的發揮闡述。《説文解字》540 部 9353 個字條，確是這些規律的體現，但同時也將這些理論淹没了。再如《釋名》，本

①　見《後漢書·盧植傳》。

②　見《漢書·河間獻王德傳》。

是漢語字源學的創始之作,它是劉熙用大量的聲訓材料來證明
"音近義通"現象的合理性的精心之作。它在理論上存在着片面
性,但也包含了由詞義引申推動詞形分化而産生同源字的科學
原理。但是,劉熙並没有對同源現象進行理論的解釋,因此,《釋
名》僅僅可以稱作字源的證實之作,而未能開創出科學的漢語字
源學來。

漢代奠定了訓詁學的基礎之後,六朝、唐、宋對它的繼承發
展多半是在原有的實踐材料上作些增補、修改、匯集、編纂,在總
體上並未開創什麼新局面。我們不能説早期或中期的訓詁學是
不科學的;相反的,訓詁學家們作出的成千上萬條詞義訓釋,經
過檢驗大部分是正確的,這證明他們的方法有相當的科學性,也
證明他們的實踐包含着科學的原理。只是當時受整個科學發展
的局限,那時的訓詁家不習慣於進行理論的探討和系統的理論
闡述罷了。

直到清代,纔有了一批見仁見智的大師,對過去已經提出的
理論課題進行了深入的研究,晚近以章太炎先生爲首的國學大
師承前啟後,對前代總結出的訓詁理論加以整理發揮,又用這些
理論重新去審視過去的訓詁材料,這纔給訓詁學的科學化開闢
出一條新路,出現了不少探討訓詁原理的論文和專著。但是,用
現代的眼光來看,這些論文和專著都還不够系統,而且,有些還
沿襲陳舊的説法和混亂的術語,不易被現代人接受。

不管怎麼説,訓詁學科學化的工作在舊時代已經開了頭,在
新的時代裏,不論從發揮訓詁學的實用價值還是從提高它的理
論價值來看,這個工作必須進一步做下去,而且應當出現一個嶄
新的面貌。這就是在辯證唯物主義方法論的指導下,運用現代

語言學的理論,在現代思維科學的輔助下,一方面批判地繼承前人已經總結出的規律和原理,另一方面在浩如烟海的舊訓詁材料和更爲廣闊的領域裏的新材料中,探討新的理論課題,總結更多的規律和原理,科學地解釋各種訓詁現象,使訓詁理論逐漸更新、加深、系統化。

訓詁學需要理論,道理是簡單而明白的:

封建時代的知識分子皓首窮經,一輩子在材料堆裏轉,纔能把有關的訓詁材料涉獵一部分。而現代的語文工作者或者是也需要運用訓詁知識來讀古代文獻的其他工作者,如果也像過去那樣去學訓詁學,恐怕能入門者也只是極少數,更不要說深入地掌握和應用了。這就會使訓詁學的普及成爲不可能,極大地降低訓詁學的社會實用價值。

也許有人會說,訓詁學本來就是一門艱深的學問,只能爲專門家所據有,是不適於普及的。這個説法不符合訓詁學的實際。訓詁學是一門應用很廣的工具科學,除了前面提到的那些專門學科需要學習它以外,中小學語文教師、辭典編纂人員、文化宣傳幹部、古籍整理人員、各種古代史料的搜集編寫人員,以及其他語文工作者,都需要或多或少地掌握這方面的知識。所以,它是需要普及的。而過去,訓詁學所以無法普及,主要是因爲它的理論不透徹、不系統,給人以虛玄奧秘之感。克服了這個弱點,它是可以普及的。即使就提高來説,也有一個沿着什麽方向提高的問題。訓詁學是一門傳統科學,人們對古代傳統科學的理論造詣要求是不高的。因爲那或者是歷史的舊迹,無法苛責古人;或者是科學的童年期,幼稚自不待説。但是,傳統科學如果不滿足於它在科學史上的地位,而還要在發展中躋身於現代化科學的行列,那麼,仍以它原來的面貌出現,是一定會被飛躍發展的科學現狀拒之門外的。有些搞現代語言學的人排斥訓詁學,說它是"保守的"、"抱殘守缺"的等等,甚至否認它是語言學的一個門類,這除了受菲薄本民族優秀遺産而盲目崇尚外國的不正常風氣影響外,也還與訓詁學缺乏理論上躍進的成果有關。的確,如果没有一番躍進,不能由"陳"中推出"新"來,訓詁學的理論價值也就談不到了。從漢到清再到近現代,兩千多年的時間裏,出了多少成就卓著的訓詁大師!可以説,他們把先秦經書的各種語言材料已探討尋索殆遍,當今的訓詁工作者,如果既不去擴大材料的範圍,又不去進行理論的探討,只是就原來的經書在個别詞句上增删修補,這樣做恐怕連提高的餘地都不會太多了。

現代訓詁學的專業工作者所進行的介紹訓詁和訓詁學的工作,總的看是分三方面進行的:

一、訓詁歷史的介紹。主要是介紹歷代訓詁學作者和著述的成就。

二、訓詁材料的介紹。主要是對注釋書和訓詁學專著的體例加以發揮整理,以便今人閱讀。

三、訓詁原理的介紹。也就是説明以往正確訓詁工作的理論依據,並對各種訓詁現象進行科學的解釋。

這三方面的工作都是重要的,前兩方面已經介紹了不少重要的成果,唯有第三方面還比較薄弱,大部分是夾在前兩方面的介紹中進行。而對現代化科學來説,没有理論就不能成其爲"學",科學或學科是應當以理論爲綱的。

説訓詁學應當建立系統的理論,並不是要破壞傳統的"爲實"作風。這項工作須從大量的訓詁材料出發,從材料中出理論,在實踐中發展理論、驗證理論。從理論的要求說,我們對材料的研究不是太多了,而是還很不夠。現在在各個實踐崗位上繼續從事訓詁工作的同志所做的工作,如醫古文工作、古籍整理和注譯工作、辭典編纂工作等等,成果都是十分寶貴的,没有這些擴大了領域的新的訓詁實踐和訓詁材料源源不斷地給訓詁學增加營養,就不可能出現更多的既切合實際又深入透徹的理論。老一輩訓詁家對材料是那樣純熟,理解是那樣準確,有了這種把握材料的功夫,纔能較多地從事理論工作。發展訓詁理論仍然需要"爲實"精神,仍然需要反對侈談理論和濫造規律的華而不實的作風。例如,詞義引申問題,是訓詁學中的一個非常重要而引人矚目的問題。鄭玄注"三禮"已經開始分析引申義;徐鍇著《説文繫傳》已經有了談引申的術語;段玉裁一部《説文解字注》,貫穿了本義與引申義的問題;朱駿聲在《説文通訓定聲》裹以"轉注"囊括引申現象,不乏精闢的分析;而章太炎先生創"轉注假借説",又以"假借"囊括引申,他不但把引申作爲詞義運動的基本形式來分析,而且把引申理論貫穿到他的字源專著《文始》中去,用引申來解釋義通現象;黄季剛先生則把引申提到訓詁學的定義中來,給這一問題以更重要的地位。前人在這方面的研究成果是豐富的。當然,由於缺乏對古代書面語中體現出的引申規律作進一步的探討和總結,有關詞義引申的材料便顯得既浩瀚又雜亂零散,使學習者如置身曠原之中,一時半會兒摸不着頭緒;因爲缺乏理論的證明,有些對特殊詞義現象的闡述明明是正確的,一眼看去又讓人難以置信;還有些詞義的探討由於缺乏自覺理論的指導而產生牽強附會和主觀臆斷的謬誤。這些都證明進一步發展引申理論的重要性。但是，發展引申理論，仍然要在鄭玄以來的注釋材料中總結，仍然要從徐鍇、段玉裁、朱駿聲、章太炎和黃季剛先生的研究成果中去批判繼承，纔能切合古代書面漢語的實際。如果不這樣做，未曾研究前人考察核證過的詞義引申材料，僅把引進的"擴大、縮小、轉移"拿來套在漢語身上，雖然不能説都是錯誤的，但在如此紛繁、豐富、生動的漢語詞義材料面前，起碼會使人感到空洞而不易解決問題。

在古代文獻的書面漢語裏，確實還有很多疑難的問題没有得到解決，因而影響我們對文獻内容的理解。甚至對一字一詞解釋的分歧也會引起一場重要的學術争論。陳獨秀在《實庵字説》裏，從幾個反映古代奴隸的字的解釋出發，想證實"亞細亞生産方式"的歷史觀點，成爲二十年代歷史學大争論的一個側面，這説明是否科學地解釋詞義内容是不應當等閑視之的。而只有有了正確的訓詁理論，這類問題纔能解決得更多、更快、更準確，也更能説服閲讀者。

過去的訓詁工作是綜合性的，因此，訓詁材料也帶有綜合性。今後的訓詁工作和材料仍然是綜合性的。《訓詁簡論》①裏將"保存在注釋書和訓詁專書中的訓詁内容"總結了七項，還只是從語義解釋的角度來説。如果把其中涉及到的社會歷史和各種科學的内容都算進去，那就無異於古代的百科全書。但是，如果説到訓詁學，那麽，今天現代科學已出現了愈益明確、過細的分工，在訓詁材料裏的有關社會歷史和其他科學的内容，就只能是訓詁工作涉及的内容而不是訓詁學研究的内容。而語法學、

---

① 　陸宗達著，1980 年 7 月北京出版社出版。

修辭學、音韻學、文字學、文章學、邏輯學……也已自立門戶發展成獨立的現代科學了。訓詁學的研究自然應當以文字學、音韻學爲工具並與它們互相推動，以語法學、修辭學、文章學、邏輯學以及心理學等作爲自己的鄰近學科，與它們互相配合。但訓詁學大包大攬的時代已經過去，它自身獨立研究的範圍必須是也只能是古漢語詞彙而且偏重於詞義方面。有了這個範圍，絕不會限制訓詁學的發展，也不會降低訓詁學的價值，相反地，這將使訓詁學的研究者們注意力更集中，任務更明確。而從它那裏，便可能發展出真正切合實際的漢語詞義學來，充實漢語科學的這個薄弱的部門。所以，確定訓詁學的研究範圍，也是促使它更快發展的一項重要工作。

　　訓詁學的理論的系統化必將使學習者和應用者便於掌握它，從而極快地促進它的普及，擴大它的應用，使它能在四個現代化的建設中，爲繼承民族文化遺産，發揚民族傳統，振興民族精神，貢獻更大的力量。

學點訓詁

我們主張中學語文教師要學一點訓詁學。這不但對教好文言文是絕對必要的,就是對教好現代文和現代漢語也大有裨益。

訓詁是我國語言學史上的一門古老的科學,是以研究古代文獻詞義爲中心的一個門類。它最初起源於漢代,隋唐便有了很大的發展,宋代有所更新,清代達到鼎盛。到了近現代,由於科學語言學的發達,訓詁學不斷克服因襲保守的弱點而逐漸走向科學化了。同時,它在歷史學、考古學、中醫學、古生物學和語文教學等方面的廣泛應用,使它有了更大範圍的普及。爲了在中學教好文言文,做好提高學生文言文閱讀能力的工作,教師在進修時學習古漢語語法固然重要,但同時也應當學點訓詁。因爲,就古今漢語的發展來説,詞彙的變化要比語法更爲迅速,古今詞義的差異要比古今句式的不同更爲突出。教師在教學中遇到的詞語方面的困難,也要比句子方面的困難更多。這些困難,就需要借助於研究古代書面漢語(文獻語言)爲中心的訓詁學來解決。

訓詁學對中學語文教學能起什麼作用呢?

第一,它可以幫助我們解決詞語教學中的疑難問題。訓詁可以給我們提供資料和方法,幫助我們去探索一些難解的詞義。例如,《陳涉世家》一課中有"尉劍挺"一句,一般書上將"挺"解釋作"拔",認爲"劍挺"是"劍拔出鞘"。但這個解釋與當時情境不符。當時尉正要鞭笞吳廣，並無殺他的意思，何必拔劍呢？這個問題只要學生稍一追問，教師便難於回答。我們核證訓詁材料，纔可能知道"挺"是"失"的借字，也就是"跌落"。剛巧尉的劍跌落，纔給了吳廣殺尉的機會。再如成語"衣冠楚楚"的"楚楚"應如何解釋？只有通過《説文解字》才能知道"楚"即是"黼"，意思是顏色繽紛而鮮亮。古代文獻都寫作"楚"，原是個假借字，但通行了。再如，《馮諼客孟嘗君》一課有"食以草具"一語。什麼是"草具"？説法也不一致。學了訓詁，我們便可用查源和繫聯的方法找出"草"（即"艸"）的引申義列，並知道這個詞有"疾速"的意思，因而引申有"不細緻"、"潦草"、"粗糙"的意思。"草草收兵"的"草草"就是"急促"，"食以草具"的"草"就是"粗劣"、"粗糙"。用粗劣的食具給馮諼盛飯，表示對他不恭、瞧不起。今後，文言文在語文課本中的選篇還要增多，疑難問題也會更多，如不學一點訓詁，對那些難解的詞義只能人云亦云，甚至別人講了，也不會判斷是否準確。這對提高教學質量，確實是個障礙。

第二，它可以幫助我們把詞語教學系統化。過去的文言文教學，許多老師在詞語這個環節上花的功夫是不小的。但是跟有些老師談起來，他們總感到詞語教學比較零亂，老師教一個，學生會一個，全憑單個單個的積累，似乎找不到合適的方法來駕馭它。產生這個問題的原因，恐怕還是由於對詞義的規律掌握不夠，在這方面缺乏理論的認識。其實，我國古代的訓詁學，早已對詞義的存在形式和變化規律作過很多探討，也總結出不少理論。運用這些理論，對詞語教學的系統化是有很大好處的。例如，通過本義來統帥引申義列的辦法，便是掌握多義詞的好方法。尤其是對出現頻率較高的常用詞,更需要系統掌握詞義,否則,多個義項,多種翻譯,將使學生無所適從。其他如掌握假借字、掌握異讀的方法,也都需要懂得一些規律,才能幫助學生以簡馭繁,舉一反三。

第三,它可以幫助我們豐富知識,瞭解古代的生活與生產,以便更深入地理解文意。很多文言文所以講不準確,講不生動,往往是由於只是機械地尋求古今詞句的對當關係,而不能從當時的生活出發,講出其中的語氣和情態。而要做到這一點,弄清古代生活和生產的實況是非常重要的。例如,講《國殤》和《曹劌論戰》,便需明瞭古代戰場和車戰的具體情況;講《鴻門宴》,又需具體描述劍、盾、戟等兵器的形狀、用法,璧、斗、玦等裝飾品的質地、形狀,才能將項伯、樊噲、范增等人物的性格和言行講得準確生動。這些關於典章制度和名物的第一手材料,都保存在古代的訓詁裏。我們應當知道遇到這些問題應去查什麼書,如何求得更詳盡的解釋,這就非學點訓詁常識不可。

第四,它可以幫助我們理解和衡量別人的注釋。一般説來,現代人的注釋都是根據前人的注釋和説法。如果前人有不同的意見,現代注釋者便加以選擇。要想瞭解某些現代人的注釋,並衡量它是否妥當,便需知道他的依據。這也屬於訓詁學所包含的範圍。例如,《愚公移山》一課"曾不能毀山之一毛",有些書將"毛"注成"草木",這似乎是對的。而《甘薯疏序》的"驪土之毛",有人也注成"草木",這就錯了。因為"可以養活人"的不是草木而是糧食。有了訓詁知識,我們便可知道"毛"訓釋作"草木"是根據《左傳》的杜預注,而"驪土之毛"的"毛"與杜預注的情況不同,那是"苗"的假借,指的是莊稼,不是一般的草木。又如,《獄中雜記》文中有"頗有奇羨"句,"羨"有的注作"盈餘"。"羨"在現代漢語裏一般作"羨慕"、"欣慕"講,没有"盈餘"的意思。學點訓詁,我們就會知道,"奇羨"一詞來源於《漢書·食貨志》"以收奇羨",顏師古注:"饒溢也。""饒溢"即是"盈餘"。這就是中學課本注作"盈餘"的依據。其他如《孟子·梁惠王下》"以羨補不足"、《漢書·司馬相如傳》"功羨於五帝","羨"很明顯都當"多餘"講。"羨"爲什麼有"多餘"的意思呢?這是由它的本義引申出來的。"羨"從"羊"從"次","羊"是古人認爲最鮮美的食物,"次"是口水,看見羊肉流口水,有"欲望"的意思。"欲望"總是多多益善,所以可引申爲"多餘"。正如"欲"與"裕"通,"裕"也是富足多餘。運用訓詁知識,我們才能找到"奇羨"一詞注釋的根據,並把這個詞講深講透。

現代出版的文言文資料很多,能給教師備課以濟急之資,這固然是好事,但如果教師缺乏訓詁學的知識,只是盲目地東抄西録,便很難得其精華,有時還會以訛傳訛,誤人子弟。

因此,我們主張中學教師應學一點必要的訓詁常識,高等師範院校中文系也要開一點訓詁課。有人一聽訓詁便以爲高深奧秘,不敢問津。其實,我國早期的訓詁學包羅萬象,資料浩繁,又是用文言文寫的,今人直接接觸這些東西比較困難,但是經過清代和現代人的整理,訓詁學已在逐漸科學化和條理化。我們應當從學習訓詁的基本原理入手,逐步掌握更多的訓詁材料,通過具體的教學實踐,使訓詁學讓更多的人理解和運用。這樣,訓詁學也會由於有更多的人瞭解它、運用它而更快地發展起來。

談訓詁材料中的詞與詞義

兩千多年前,中國文化史上出現了一種綜合性的語文工作,叫作訓詁。訓詁工作就是用易知易懂的當代標準語,去解釋古代文獻語言中難知難懂的古語和方言。最早從事這種工作的是經學家,他們的目的是通過釋經來傳經。這項工作一開始就是系統進行的。

用語言解釋語言的材料,叫作訓詁材料。訓詁材料在系統的訓詁工作之前已經在文獻正文裏零星出現了。例如,《國語·周語》中記載叔向解釋《詩經·周頌·昊天有成命》"夙夜基命宥密,於緝熙,亶厥心,肆其靖之"時説:"夙夜,恭也。基,始也。命,信也。宥,寬也。密,寧也。緝,明也。熙,廣也。亶,厚也。肆,固也。靖,和也。"這是較典型的訓詁材料,它產生在系統地解釋《詩經》的《毛傳》、《鄭箋》之前,當然更在系統地解釋《國語》的注釋之前。不過,大量的、有系統的訓詁材料,卻是因系統的訓詁工作而產生的。這種材料以兩種方式被保存下來:一是附在文獻正文後的注釋。前人所稱的"傳"、"説"、"解"、"詮"、"疏"、"證"、"微"、"注"、"詁"、"義證"、"正義"等,都是注釋書的名稱。二是根據一定的原則纂集編排的訓詁資料集或具有理論證實價值的訓詁專書。前者如依物類分篇匯集同訓詞的《爾雅》,後者如按照據形説義原則,對證實漢字的形義統一關係極有價值的《説文解字》和專門纂集聲訓以證實詞義的理據的

《釋名》等。

訓詁材料的内容包括很廣泛，但是，最典型的形式是對詞義的訓釋，因爲釋詞是訓詁的基礎工作。在舊訓詁學中，有關詞和詞義的概念，用得比較混亂。對字、詞、義、訓等名稱的内涵和外延都缺乏科學的限定，這給訓詁的研究工作帶來很多問題。本文的目的，是想對訓詁中的這些最基本的概念加以定義，並對易混概念給予區分。

一、字和詞

訓詁材料都是用文字記録的書面材料，而且，古代漢語又以單音詞爲主，絶大多數符合一字即一詞的原則，所以，在前人的訓詁材料中所説的"字"，相當於今天的詞，而"詞"則專指虚詞，實詞則稱"名"。這樣，"字"和"詞"在舊訓詁學裏便時常發生混淆。

在具體的書面語句、段落中，我們把一個單音詞稱作一個字，一般是不會出什麽大差錯的。但是，字和詞在深入探討訓詁原理時，是兩個不同的概念，它們在總體上和本質上不是同一的東西，不應混淆。

作爲詞彙中的個體的詞，是語言中最小的可以獨立運用的表意單位。它的内容是詞義，外部形式是詞音。口語中的詞是音與義的結合體。字指文字的每個個體，它記録了詞，承受了詞中已經結合了的音與義，同時又有自己的獨有形式——字形。書面語中的詞既用字形來記録，字形便常常也被稱爲書面語中的詞形。但它不是語言固有的，而是文字獨有的。這便造成字與詞之間的明顯區別。

首先,如上所說,詞是語言本身的建築材料而字只是記錄語言的符號。字除了從詞那裏接受了已經結合起來的音與義外,還有它自身的形式——形。因此,文字除受語言制約外,同時又有它自己的、不受語言制約的、獨特的發展變化規律和使用規律。例如,詞派生出新詞後,可以推動字的孳乳,這是文字受語言制約的一面。但也有不因詞的產生而造的異體字,還有產生了新詞而不造新字的“本無其字,依聲托事”的假借現象。這是文字擺脱語言自身的發展變化。所以,從總體說,字不等於詞。《説文》收 10516 個字形,除去重文是 9353 個,但不等於説,先秦只有 9353 個詞。這 9353 個字中包含了多少詞,還要進行歸納和分析。如“噂,聚語也”,“傅,聚也”,《説文》列成兩個字,但却是一個詞,這須要歸納。“常”與“裳”,“朋”、“鵬”與“鳳”,《説文》列爲重文,但古代典籍裏已經分化,應分析開來,看作五個詞。“離”是鳥名,但古代典籍中已同時用作“離別”之字,一字中實含兩詞,也需要分析開來。

其次,文字和語言不是同一時期産生的,在討論它們的歷史發展時,不能混爲一談。就字的構形來講,獨體字先於由它所構成的合體字;但是,在語言中,獨體字所記錄的詞,不一定先於合體字所記錄的詞。例如,“媽”這個字《説文》沒有,是明顯的後出字,而它所從的“馬”字在《説文》中是部首。也就是說,它已經成爲篆字中能量很大的字形構件。從“媽”由“馬”構成可以斷定,“媽”字在“馬”後產生。但我們絕不能因此就斷定稱謂母親的“媽媽”這個詞,一定比“馬”這種動物的名稱産生還晚。因爲,就一般情況下推理,人們稱呼生身之母爲“媽”,不會在稱呼一種動物爲"馬"之後,所以,在討論同源字時,一般説來,同源字也就是同源詞,但把獨體字都叫字根而認定這些都是最先產生的詞根,這是不科學的。也可能一部分獨體字正是詞根,但需要證明。

第三,在使用過程中,字與詞的對當關係是不平衡、不整齊的。具體表現在古代文獻中異詞同字與異字同詞的情況相當普遍。

異字同詞現象包括:

(一)異體字:即音義全同使用範圍也全同只是字形不同的字。這些字同時存在,記錄同詞。其中包括:

(1)字書所列的重文,以《説文》爲例,如:"櫨"與"鐪"、"斿"與"旜"、"抗"與"杭"、"乂"與"刈"、"飆"與"颮"……

(2)字書與文獻習用字形不同。如:《説文》"稽",《禮記》作"靴";《説文》"屑",《左傳》作"抶";《説文》"僅",《公羊傳》作"懂"……

(二)廣義分形字:實際上同音同義、僅在造形時選取了廣義中不同的角度而記錄同詞的字,《説文》將這些字放在異部異條,不作重文。

如"欺"與"諆","噂"與"傅","扁"與"漏","丩"與"糾","輟"與"翠"……

(三)正俗字:正字與俗字,是後來人篤信《説文》,輕視民間用字而立的界限。他們把《説文》所收之字叫"正字",《説文》未收之字叫"俗字",現在沿用這個術語,但應取消對俗字的輕視。正俗字中不少是記錄同詞的。如(前者見於《説文》):

"邨"與"村"、"茶"與"茶"、"相"與"耜"、"鏊"與"丢"、"叩"與"喧"、"忼"與"慷"、"鐙"與"燈"、"斛"與"鍪"……

異詞同字現象主要表現在通假字上：

（一）同音借用字：

"隊"是"墜"的古字，借作"隊列"字是"𠂤"（古"堆"字）的借字。"隊"字記録二詞。

"杜"爲甘棠，植物名。用作"杜絶"、"杜門謝客"，是"斁"的借字。"杜"字記録二詞。

"容"兼"包容"、"容納"義和"面容"、"形容"義。前者是它的本義，後者是"頌"的借字。"容"字兼録二詞。

……

（二）同源通用字：

"正"已分化出"政"字，但在《漢書》等文獻中，二字仍然通用。"正"、"政"均兼二詞。

"耑"是專門記録"頂端"義的，"端"與"耑"同源，記録"端正"義，但"耑"經常寫作"端"。"端"兼二詞。

"時"已專作"時間"之"時"，但《論語·陽貨》"孔子時其亡也而往拜之"的"時"，是"待"的通用字。"時"兼二詞。

……

從以上情況可以看出，所謂"一字即一詞"的説法，是不够確當的。在古代文獻裏，一字即數詞與數字爲一詞的現象並非個別。因此，絶不能把字詞的對當關係簡單化。

第四，即使是古代漢語，也並非所有的詞都是單音節的，在多音節的單純詞或合成詞中，字與詞就成爲完全不同的東西。在這種情況下，字僅標識語音，不標識語義。

從理論上分清字和詞，在實踐中注意字與詞的差異和它們之間不整齊的對當關係，對正確地解釋訓詁現象有很重要的意義。

二、字的造意與詞的本義

訓詁家把與字形相貼切的意義稱作本義。本義是造字階段存在的詞義,因此,它是有文獻記載以來所能考出的最早詞義。這個意義對考察詞義引申系列和探求同源詞都有比之其他意義更爲重要的作用。訓詁家在確定本義時,一般是根據《說文解字》,而《說文解字》的字義說解反映出兩種不同的情況:一種是造意,一種是實義。

造意指字的造形意圖,實義則是由造意中反映出的詞的某一義項。造意是以實義爲依據的,但有時它僅是實義的具體化、形象化,而並非實義本身。造意只能說字,實義才真正在語言中被使用過,才能稱爲詞的本義。

《說文》的字義說解中,確有相當一部分既是造意,又是實義。例如"彎,持弓關矢也"。這個說解表明"彎"字從"弓"之意,又以"關"表示"彎"字聲音的來源,體現了"彎"字的造意。同時在古代文獻中,"彎"字確實有這個義項,專用在引弓射箭上。《淮南子·原道訓》"彎棋衞之箭",《文選·西京賦》"彎弓射乎西羌"等,都是用的這個意思。所以,"持弓關矢"這個說解,同時也是對"彎"的實義表述。又如《山部》"岡,山脊也","崩,山壞也","崇,山大而高也"等字義說解,都反映出這些字從"山"的意圖。而這些詞最初使用時都是專門形容山的,後來才概括爲一般之稱,所以,造意也就是實義。

但是,《說文》裏也確實有一部分字義說解,僅僅是造意而不是實義。要想從字義說解中得到詞的本義,還必須經過概括。

例如："麤,鹿行揚土也。"這個説解表明這個字從三"鹿"又從"土"之意,是造意。但在文獻語言裏,"麤"(塵)一直當"塵埃"、"塵土"講,並不專用在鹿揚起的土上。"鹿行揚土"只是"塵土"義的形象化,取鹿而不取其他,是古代狩獵生活的反映,是繪形的需要。因此,這個説解不直接表述實義。其他如"習"從"白"(自)從"羽"而訓"數飛",但並不專用於鳥;"齊"取禾麥之狀而訓"禾麥吐穗上平",而不專用於禾麥。"突,犬從穴中暫出也。"這個訓釋説明"突"字從"穴"從"犬"的造形意圖,但在實際語言裏,"突"字並不專用於犬,也不專指從穴中出。凡此種種,都不是直接表述實義,而要經過概括,才顯出實義。

　　造意只能解釋文字,實義才能解釋語詞。造義與實義之間,不是引申關係。

三、貯存義與使用義

　　詞是詞彙的個體,它通常以兩種狀態存在:一是貯存狀態,一是使用狀態。詞在這兩種狀態中表現出不同的特點。

　　貯存狀態中的詞是作爲全民語言的建築材料而存在的,在它的意義中,保存了使用該語言的人們對這個詞所標識的事物全部的共同認識和感情色彩,包括了全民族統一的對於用這個詞命名的事物的各種經驗。所以,它大部分是多義的,又是廣義的。

　　使用狀態的詞也就是個人言語中的詞。它活動在説話或作文人的口中或筆下,進入到一定的語言環境中。因此,全民語言中概括的詞義就轉化爲個人語言中的具體詞義。它不但有了固定的含義而免除了詞的多義性，還有了具體所指，免除了詞的廣義性。它還帶有了説話個人希望展示的具體的情感和形象的體驗。這種具體意義首先要在全民共同理解的意義基礎之上實現，其次由於在一定的語言環境中，能爲聽話和讀書的人瞭解，所以，它仍然具有社會交際性能，而不是個人主觀的。

　　詞在貯存狀態中的意義叫貯存義，在使用狀態中的意義叫使用義。例如，"茂"的本義是"草豐茂"，引申爲一切植物繁盛，又引申爲人才美好。這三個義項都是廣義的，綜合在一起，大致反映了"茂"的貯存義。而《詩經·大雅·生民》："種之黃茂。"《毛傳》："茂，美也。""黃"是莊稼。"茂"在這裏指莊稼長得豐盛，排除了農作物之外其它草木的豐盛，指向具體了。《詩經·齊風·還》："子之茂兮，遭我乎猺之道兮。"《毛傳》："茂，美也。""茂"在這裏指人才美好，排除了"草木豐盛"等其它義項，表現了單義。又因爲《還》是講打獵的，所以陳奐的《毛詩傳疏》説："美者，謂習於田獵也。"也就是説，這裏的人才專指打獵熟練的人。指向變得具體，不再有廣義了。這兩處反映出的"茂"的詞義，都是它的使用義。

四、義和訓

　　義是詞的客觀内容，訓是訓詁家對這種内容所作的表述。訓釋作得好，是應當全面而準確地傳達出詞義來的。但是，由於詞不等於邏輯概念，概念把一切非本質東西擯棄而抽象出本質屬性，而詞却不擯棄那些有關事物的具體内容。因此，用語言來表述詞義時，不論采用哪種方式，都有一定的局限，難得像概念定義那樣嚴密，而只能近似準確。而且給詞義作訓釋時，只要能喚起讀訓的人對詞所傳達的客觀對象的經驗就可以了，不必每訓都加以科學定義。所以，訓釋不一定揭示對象的本質屬性，而可以僅反映對象的某一特點，即最醒目的側面。以《説文解字》的訓釋爲例，有反映性狀的——"綸，青絲綬也"，有反映用途的——"閣，所以止扉也"，有反映位置的——"宸，户牖之間謂之宸"，有反映動態的——"聶，附耳私小語也"，有反映形貌的——"泓，下深貌"，有反映生活性能的——"獺，如小狗也，水居，食魚"……這些訓釋所反映出的詞義的量值和廣度，都與客觀的詞義不盡相等，但只要它能喚起讀訓人的生活經驗，便起到了溝通説話人和聽話人的作用。

　　早期的訓詁材料是附庸於經書的，它們大多是隨文釋義。也就是説，這些訓詁材料大多是對詞的使用義的表述。這種表述是有針對性的，目的不僅僅是釋詞義，還爲了釋文意，所以有時只取使用義的某一方面來説。在這種情況下，訓與全面的詞義往往有很大的距離。這種訓，往往只能用在被訓的語句中，而無法搬用。例如，《詩經·周南·桃夭》："桃之夭夭，灼灼其華。"《毛傳》訓"桃"爲"有華之盛者"，這裏並不是對"桃"的全面詞義進行表述，而是針對全詩的意思，闡明"桃"的某一特點，以明確作詩者的具體意圖。"之子于歸，宜其室家"，《毛傳》："之子，嫁子也。"陳奂《毛詩傳疏》説："之，猶是也。之子爲嫁子，傳隨文訓也。"這裏明確告訴我們，"之"不當"嫁"講，"之"的詞義相當於"是"，也就是今天的"這"（按：另説"之"當"往"講），只是在這首詩裏，"之子"的使用義可以具體到"嫁子"上。對於這類隨文釋義的訓來説，同訓未必同義。例如，前面談到的《詩經》中的兩個

"茂"，《毛傳》同訓"美"，但一個是"豐盛"義，一個是"人才出衆"義，並非同一義項。又如《爾雅·釋詁》"基"與"落"都訓"始"，但"基"是建築之始，"落"是建築的使用之始，也就是建築之終，兩個詞在這個意義上，恰是反義。

全面表述貯存義，比表述使用義更要困難。幾乎到了清代，才有了全面搜集和整理詞的各個義項的資料彙編而成的精密的字(詞)典，比較好的如朱駿聲的《説文通訓定聲》等，比較全的如《經籍纂詁》等。這些書都是爲了反映每個貯存義的全貌。但是，它們編輯的方法大部分還是把各種使用義的訓釋彙集在一起，缺乏必要的分析綜合和概括，又由於搜集、編纂的諸多局限，最好的也只能近似地反映貯存義的全貌，有的還距離很大。特別是，對使用義的訓釋往往不是概括詞義，而是不加分析地將同訓詞纂集在一起，不懂訓詁的人很容易誤用。

明確義和訓的關係，同時弄清在訓詁材料裏訓表述義的局限性，對訓詁的研究有重要作用。我們固然需要依靠訓詁材料來探索古代詞義，但又不可以訓代義，不可簡單地把同訓都看作同義，這在訓詁材料的運用上，是要切實注意的。

字與詞，造意與本義，貯存義與使用義，義與訓，這四對兩兩相關又有區別的概念，在訓詁學裏時常混淆，運用上有時很不嚴密，往往因此産生論證上的錯誤，即使某些大師也在所不免。所以，在求得訓詁學的科學發展，探討詞義現象的科學原理時，必須區分清楚。在論證問題時，對這些概念也要慎重使用，力求嚴密、準確。這是訓詁研究與教學特別需要注意的。

談古代訓詁的釋詞材料

　　古代的訓詁材料浩如烟海,主要以兩種形式存在:一是古代文獻的注釋書,例如《毛詩詁訓傳》,是毛亨給《詩經》作的注,《楚辭章句》,是王逸給《楚辭》作的注等等。這些訓詁材料是附在文獻的句段後面的,是針對具體的文獻語言而解釋的。二是古代的訓詁專書。這種專書也有兩種情況:一種是作者有明確意圖、有理論指導特意作的,比如許慎的《説文解字》,就是專門根據形音義統一的原則,解釋字的本義的;另一種是舊有傳注訓詁材料的彙編,比如《爾雅》,就是對前代已經作出來的訓詁材料加以歸納編排輯録而成的。不論是以什麼形式存在的訓詁材料,在其早期,都是爲解釋古代文獻的,只有到了晚期——嚴格説要到清代以後,才有了一些專門研究訓詁理論的著述。而古代文、史、哲是不分家的,語義問題又涉及生活和社會的各個方面。所以,如果全面去分析古代的訓詁材料,真可以説是無所不包,連我國社會初期的自然科學和社會科學,也都要到訓詁材料中去找。所以,籠統地談訓詁内容,恐怕就要編一部古代的百科全書。我們這裏介紹的訓詁内容,只是把訓詁學當作一門傳統的文獻語義學,在語義的範圍内談談它的内容。

　　詞是語言中最小的、能够靈活運用的意義單位。所以,解釋詞義便成爲訓詁的一項基礎工作;而且,訓詁材料其他方面的内容,無一不與解釋詞義發生關係。所以,這裏先談談釋詞方面的內容。

古代訓詁解釋詞義分成兩大類。一類是解釋詞在使用狀態中的具體詞義,也就是説明在一定的語言環境下,作者用這個詞具體指什麽,例如:

> 《詩經·鄘風·柏舟》:"母也天只,不諒人只。"《毛傳》:"諒,信也,母也天也,尚不信我。天,謂父也。"

> 《左傳·昭公十九年》:"及師至,則投諸外。"杜預注:"投繩城外,隨之而出。"

以上兩例第一例中"天"以"父"訓,並非"天"的詞義可以當"父"講。而是在《柏舟》這首詩裏,先唤母,後唤父,是人之常情。而此處不唤父而唤天,是爲了協韻。但父有天之威嚴,這裏唤天猶如唤父。第二例中,"投"字本是常用詞,不必解釋,而加賓語"繩",將其具體化了。仔細考慮,原文"投諸外"如無"投繩"之注,確實很難理解,這個訓釋是不可少的。這種隨文釋義,只適用於一定的語言環境。離開這個環境,"天"不能直接當"父"講,"投"也不一定都是"投繩"。

另一大類,是解釋詞在貯存狀態中的概括詞義的。例如:

> 《爾雅·釋言》:"濟,渡也;濟,成也;濟,益也。"

> 《説文解字·十一上·水部》:"濟,濟水。出常山房子贊皇山,東入泜。"

"濟"在古代文獻中當"渡"講,如《左傳·文公三年》:"濟河焚舟。""濟"當"成"講,如《禮記·祭統》:"夫義者,所以濟志也。""濟"當"益"講,如《左傳·桓公十一年》:"盍請濟師於王。"三者都是"濟"固有的詞義,不是只用作一處,也不是只在一種情況下能用。因此,這類材料可以脱離經傳原文,加以彙編。而《説文解字》是解釋"濟"的本義的,許慎認爲"濟"這個字最初是爲水名而造,它是濟水的本字,所以當作專名來解釋。濟水之義與濟渡、濟成、濟益之義顯然沒有多少直接關係,在訓詁家看來,《爾雅》所釋的三個意義,就是文字的假借了。字典辭書的釋義,多半取第二類材料,不取第一類材料。

至於訓詁家解釋詞義的手段,那是多種多樣的,取其概要,可以劃分成以下幾類。用下表表示之,並從《説文解字》中舉例説明:

$$
\text{釋詞手段}
\begin{cases}
\text{從目的分}
\begin{cases}
\text{義訓(如:"整,齊也。")包括形訓(如:"齊,禾麥吐穗上平也。")} \\
\text{聲訓(如:"劑,齊也。")}
\end{cases} \\
\text{從方式分}
\begin{cases}
\text{直訓}
\begin{cases}
\text{單訓(如:"踊,跳也。")} \\
\text{互訓(如:"排,擠也。""擠,排也。")}
\end{cases} \\
\text{義界(如:"跣,足親地也。")}
\end{cases}
\end{cases}
$$

釋詞的目的,一則是爲了説明詞的含義,這就是義訓。在義訓中,有一種特殊情況,就是形訓。形訓是運用漢字形義統一的原則,以形來説義的,它説明的是詞的本義。例如"齊"的小篆作齊,以禾麥生長整齊來説明"齊"義,所以"齊"的形訓便是"禾麥吐穗上平也"。另一則是爲了説明詞義的來源,以突出詞義的特點,也就是選一個與被訓釋詞音近義通的同源詞來作訓釋詞。"齊"的本義是莊稼經過人爲的約束而生長一律,引申之,凡人爲調配、約束都叫"齊",這就分化出"劑"字來。《周禮》有"酒齊"(選酒的配方)、"醬齊"(製醬的配方),中學語文課本選《韓非子》中《扁鵲見蔡桓公》一文,有"火齊之所及也"句的"火齊"。"齊"字,就是今天藥劑的"劑"。所以,"劑"與"齊"古代音近義通，用“齊”訓“劑”，正是爲了推究詞的來源，這就是聲訓。

釋詞的方式，大抵可分直訓與義界。直訓是用同義或近義的單詞作訓釋詞。因爲訓釋詞和被訓釋詞同義，所以常常可以相互更換位置，除上面所舉的“排”、“擠”互訓外，“刊，剟也”、“剟，刊也”，“改，更也”、“更，改也”……都屬互訓。直訓中也有不能互易位置的，如“踊，跳也”，“跳”又以他字訓，不復訓“踊”，因而不能稱互訓，只能稱直訓。

直訓的優點是概括而簡練，但這種方式局限性很大。因爲很少有兩個詞意義完全相同的，而且，要想給每個詞找出一個既常見易懂，又確切合理的單詞來作訓釋詞，也非常困難。因此，釋詞中的另一種方式——義界就顯得更爲重要。義界是用一句或數句話，給詞作界説，它一方面要表現詞的特點，一方面還要把這個詞與它的鄰近詞區別開來，傳統訓詁學給詞作義界的方法很多，下面略舉幾種：

類別式：多數義界是類別式，它的形式類似邏輯定義，即“類概念+種差”。其中又有各種情況：

（1）區別狀態：如“飄，回風也”，“颯，翔風也”，“飇，疾風也”。

（2）區別特性：如“觲，觶實曰觲，虛曰觶”。

（3）區別方式：如“挈，縣持也”，“操，把持也”，“攝，引持也”。

（4）區別形貌：如“犬，狗之有縣蹏者”。

（5）區別地點：如“汦，水在常山”。

（6）區別部位：如“笨，竹裏也”，“篾，竹膚也”。

……

　　比況式：用類似的事物比擬後，再說明其與作比事物不同的特徵。如"鲍，獸也。似兔，青色而大"，"驢，似馬，長耳"。

　　情狀式（又稱描寫式）：特點是進行具體的描繪。如"扁，屋穿水下也"，"沿，緣水而下也"。

　　自嵌式：特點是把本詞放在易懂的語言環境中以示其意義。如"宣，天子宣室也"，"寬，屋寬大也"。

　　古代訓詁的釋詞材料，不但給我們瞭解古代詞義和古代名物制度提供了依據，而且給後代的釋詞工作提供了經驗。同時，釋詞又是訓詁其他內容的基礎，所以，這部分內容特別值得重視。

今注與古注

　　學習文言文的人，時常要通過注釋來理解難詞難句，注釋是文言文閱讀不可缺少的拐棍。初讀文言文的人總是先看今人的注釋。這種注釋一般是用現代漢語的詞來解釋文言文的詞，有的乾脆把整個句子翻譯過來，還有的翻譯了全句之後又把難詞挑出來解釋。憑着這種注來疏通文言文的句意再方便不過了。例如：

　　《孟子·齊桓晉文之事》："頒白者不負戴於道路矣。"中學語文課本高中第五冊注："老年人不會再背着東西，頂着東西在路上走了。意思是，人們都講禮義，能幫助老年人了。'頒'通'班'、'斑'，頭髮花白。負，背東西。戴，把東西頂在頭上。"

　　這條注釋分三段——第一段翻譯全句，從譯文與原文的對當關係大致可以看出，"頒白者"指"老年人"，"負戴"就是"背着東西，頂着東西"；第三段進一步釋字詞，從詞義上說明了"頒白者"爲什麼指"老年人"，"負戴"如何解作"背着東西，頂着東西"；中間插的第二段是闡明文意的，也就是交代這句話字面意義之外的作者意圖。像這樣的注對初學者當然是很方便的。

　　但是，今注對於文言文閱讀能力比較强的人或對於教學者來說，有時是不夠用的，爲了深入學習的需要往往得參照古注。古注指前代訓詁家爲文言文作的注，比如對先秦作品來說，以漢代的注最系統全面，後來又有唐宋的疏來作進一步的闡發和補充,再加上清朝人的考據和勘正,一般不會再有什麼問題。今注往往是依據這些古注作出來的。不過,由於作注的人並不要求讀者掌握這些資料,或者作注時所取的資料是轉抄的而不是原始的,個別的也因爲作注者選取資料不嚴或掌握材料不全,今注常常不能滿足進一步學習的需要。

首先是有些今注只講當然而不講所以然。尤其是遇到字面上無法解釋的典故,今注的解釋有時不能令人滿意,就需要參考古注。例如:

《夢溪筆談·采草藥》:"天時有愆伏。"中學語文課本高中第二册注:"愆伏,原指天氣冷暖失調,這裏有變異無常的意思。"但"愆"、"伏"二詞均無"失調"、"無常"之義,更難看出是講天氣的。要想弄清這個注的所以然,必須查古注。

"愆伏"典出《左傳·昭公四年》:"則冬無愆陽,夏無伏陰,春無凄風,秋無苦雨。"杜預注:"愆,過也,謂冬溫","伏陰謂夏寒","凄,寒也","霖雨爲人所患苦。""愆陽"、"伏陰"、"凄風"、"苦雨"都是講四季氣候的反常現象的。"愆伏"是由"愆陽"、"伏陰"兩句中抽出來概括這些冷暖失調的季候的。

還有些今注在遇到疑難問題時兼采兩説,這種情況一般是兩説皆通,初學者自然可以選取其一或二者兼取,只要把句子翻譯通順就行了。但教學者便不得不進一步探求兩説的根據,以便心中有數,講授得當,這就需要查閱古注。例如:

《詩經·碩鼠》:"爰得我直!"中學語文課本高中第一册注:"直,這裏指公正的待遇,一説指場所。""直"既沒有"待遇"的意義,又沒有"處所"的意義。"待遇"和"處所"雖然都能講通"爰得我直"這句話,但二者意義相距甚遠。要想理解這個今注,必須從古注中探求它們的根據。

第一種解釋以"直"爲"値"的同源通用字。"直"的本義爲"正"，引申而有"相當"義，"値"也有"相當"義，所以《說文·十三下·田部》："當，田相値也。""價値"義由此引申而來（價値與物品相當）。"爰得我直"即"爰得我値"。値，就是"應有的、合理的價値"。所以注說"指公正的待遇"。

"一說指處所"，取王引之《經義述聞》的說法。王認爲："直"是"職"的同音借用字，"直"與"職"古韻都在"德"部，"直"爲"定"紐，"職"爲"端"紐，都是舌音。在古代文獻中，"膱"與"植"、"職"與"殖"、"埴"與"戠"、"檥"與"膱"，都曾互借，可以證明從"直"得聲與從"戠"得聲之字音同。而"職"當"所"講也有很多證據：《左傳·哀公十六年》："克則爲卿，不克則烹，固其所也。"（"勝利就拜爲卿相，不勝利就處以烹刑，這正是應有的待遇。"）《史記·伍子胥列傳》"固其所也"作"固其職也"。可見"所"與"職"同義。《漢書·宣帝紀》："其加賜鰥寡孤獨高年帛，毋令失職。"（"加贈給喪妻之男、亡夫之婦、失去父母的孩童以及老年人布匹，不要讓他們得不到照應。"）"失職"就是"失所"，也就是"沒有應得的地位"。《漢書·趙廣漢傳》："廣漢爲京兆尹，廉明威制豪強，小民得職。"（"趙廣漢作京兆尹這種官時，清廉公正，用權威限制豪強，老百姓得到應有的地位。"）顏師古注："得職，各得其常所也。"……《碩鼠》第一章押"模"韻，所以末句用"所"，第二章押"德"韻，所以末句用"直"，"直"即"職"的借字，義仍爲"所"。這是《詩經》常用的同義反復又變文協韻（換一個字，但意義不變，爲的是押韻）的手法。所以注說"一說指處所"。

還有一些今注作得比較含糊，沒有把確切的詞義或句意注出。依據這種注雖可馬馬虎虎閱讀，却難於扎扎實實講課。例如：

《史記·信陵君列傳》：“當是時，諸侯以公子賢，多客，不敢加兵謀魏十餘年。”中學語文課本高中第三册注：“不敢加兵謀魏，不敢用兵侵略魏國。謀，作侵犯的打算。”作注者將“侵略”的意思翻譯出來，但却找不到這個意義是由哪個詞產生的，只好把它作爲文意附加到“謀”字上去。這是不確切的。

“侵略”的意思來源於“加”字。“加”有“欺凌”的意思，是文言文裏常見的。《左傳·襄公十三年》：“君子稱其功以加小人。”杜預注：“加，陵也。”《左傳·隱公三年》：“小加大。”杜預注：“小國加兵於大國。”孔穎達疏：“加亦加陵。”杜注和孔疏還舉出息侯伐鄭和曹國侵宋這兩個例子來説明“小加大”，都可以明確看出“加”有“侵凌”義。《論語》：“我不欲人之加諸我也，吾亦欲無加諸人。”馬融注：“加，陵也。”袁宏説：“加，不得理之謂也。”這又可進一步説明“加”帶有貶義，指非正義的、不得理的舉動。“加”從“力”從“口”，本義是以言語誣人，引申出“欺凌”、“侵凌”義是順理成章的。因此，這個注應着重提出“加”來解釋（“加，侵凌”）。“謀”當“圖謀”講是很一般的常用義，不必單獨加注了。

還有的今注因爲掌握資料不全或考據失當完全注錯了，需要依靠準確的訓詁材料來更正。例如：

陸游《關山月》：“朱門沉沉按歌舞，厩馬肥死弓斷弦。”《中國歷代詩歌選》（人民文學出版社 1979 年版）注：“朱門，指豪家。沉沉，形容深邃。按，考核，檢驗。”“按”注成“考核，檢驗”就完全錯了。

“按”的本義是“向下的動作”。它與“抑”、“壓”、“遏”是同源詞。它很早就用於指稱音樂的動作,義爲"敲擊"。例如《文選·屈原·招魂》:"陳鐘按鼓。"五臣注:"按,猶擊也。"敲打的動作在音樂中多指擊鼓,而鼓是司節奏的,在國樂隊裏,它其實是暗中的指揮,所以"按"又引申爲"排練"的意思。唐宋以後,"按"當"排練"講已成專義,而且用得很多,白居易《後宮詞》:"泪盡羅巾夢不成,夜深前殿按歌聲。"李商隱《華清宮》:"朝元閣迴羽衣新,首按昭陽第一人。""首按"是"試演",也就是今天的彩排。趙佶《探春令》:"清歌妙舞從頭按。"這些"按"都專指排練歌舞講。拿《關山月》同一作者陸游的詩來説,"鴨子陂頭看水生,蜂兒園裏按歌聲"(《書感》),"吳波漲綠迎桃葉,穰燭堆紅按柘枝(即"折枝",歌舞名)"(《聞韓无咎下世》)……這些"按"也都當"排練"、"調習"講。

所以,在閱讀文言文和講授文言文時,一般可以使用今注,但如果發現今注含糊其詞,讀後不明其所以然,或無法疏通文意時,則還應當查查古注,參閱一些訓詁材料,把字詞解釋工作做得踏實一些。

最後,還要作一點小小的補充,前面所引《齊桓晉文之事》中的一個注解"'頒'通'班'、'斑',頭髮花白",還有進一步探究的必要。"班"當"分"講,"斑"當"紋路"講,都不直接與頭髮相關。《説文·白部》"皤"(又寫作"顡"),訓"老人白也"。引《易經》"賁如皤如",這才是老人頭髮白的本字。"頒白"就是"皤白",也就是白頭老人。説"頭髮花白"並不確切,乾脆就是頭髮白。"花白"之説,是因爲寫成"斑"字附會的。

論求本字

　　"本字"是傳統文字訓詁學最習用的術語之一,所謂"本字",是指與它所記錄的詞的意義直接、完全吻合的文字形體,而義與形是否相吻合,舊來則是以許慎的《說文解字》爲標準的。前代訓詁家在論及某字具有某義時,常常要探討這個字是不是本字,如果不是,便要進一步探討本字是什麼,這種方法叫"求本字"。到了近代,"求本字"的方法發展到極點,不但講究字義要求本字,甚至有人竟提倡作文寫書也應寫本字了。要求十九世紀末、二十世紀的人用將近兩千年前的《說文解字》裏的文字來作文寫書,這自然是行不通的,於是反對"本字",批判"本字"的聲浪就高起來。"寫本字"挨了批,"求本字"也被波及,有些人糊裏糊塗地把"求本字"這種方法也否定了,認爲這是"地道的復古保守"。當然,也有不順着這股時興的風走的,劉師培就是一個。他到了後期,經學、小學上造詣都很深了,反而篤信起求本字這種方法來。就這一點,有人說他落後了,也有人說他長進了。

　　然而舊有的未必都荒謬,時興的也未必都科學;正如舊有的絕不能盲目奉爲信條一樣,時興的也萬不可絕對當成法寶。傳統訓詁學的方法是否科學,是否實用,都要靠理論與實踐的證明。"求本字"的方法也不例外。

一、求本字就是探求形義關係的統一

求本字是訓詁學以形索義方法中的一個步驟,它的目的是通過在一定語言環境中使用着的詞義,來探求記錄這個詞的原始字形,從而驗證對詞義的解釋是否有誤,並且求得對詞義更深入、具體的理解。例如:

"駱驛"。《漢書》有"駱驛道路"之説,當往來不絕講。今天仍有成語"駱驛不絕",已將"駱驛"寫成"絡繹"。

訓詁家認爲,"駱驛"不是寫的本字,"絡繹"才是本字。《説文·四下·受部》:"𤔔,治也。……受,治之也。讀若亂同,一曰理也。"從形體看,這個字表示兩手抽絲的形狀。"亂"既有"紊亂"義(《説文》:"紊,亂也。"),又有"整治"義,正是與抽絲這一具體動作聯繫的——絲原是亂的,抽而後治。《説文·十三上·糸部》:"繹,抽絲也。""絡,絮也。""絡繹"即是抽絲。"絶"本義是"斷絲",也與絲有關。"不絶"是抽絲的情狀。所以應寫"絡繹不絶"。

這説明,求到了本字,可以把意義瞭解得更加深入具體,也還可以進一步認識意義的具體特點和來源。再以別體字和本字爲例:

"村",《説文》作"邨"。從"屯"聲,"屯"有"聚集"義,村是人口聚集處,故從屯聲。

"快",《説文》作"駃";"帆",《説文》作"颿"。可見古代生活中,馬是最快的交通工具,故疾速義皆從"馬"。

"訃",《説文》作"赴",可見古代報喪着重在奔,而不在言。

在"村"、"快"、"帆"、"訃"早已通行的後代,硬讓人們改寫"邨"、"駃"、"颿"、"赴"當然是既無意義又不可行的,但是要考證這些詞在古代的具體含義,瞭解古人對這些概念的具體理解,求本字又是大有必要的。

漢字造字初期的原則是因義而繪形,所以,早期漢字的形義本來是統一的。這使因形而索義、以形而證義的訓詁方法成爲可能。但是,隨着漢字形體的演變,形義脱節的現象越來越明顯。漢字的符號化和標音趨向的增强是發展中的正常情況,也是任何人無法也不必要去改變的。不過,考字和用字畢竟不是一回事。用字當然最好是遵守當時社會的約定性,而考字却必須去追索原始的造字意圖,以求得造字當時的詞義。正因爲字形是在不斷演變中,所以本字不是現成的,而要去求;正因爲字形的演變往往是有迹可尋的,所以本字雖然不寫,却可以找到。綜上所述,求本字就是沿着字形演變的綫索,求得原始狀態中的形義統一。這在理論上是站得住脚的。

二、形訛、義衍和職轉是求本字時值得注意的三種動態

造字本是爲了用字,字也是在用中造的,所以,從理論上講,本字應當本用。但是,在今天所能見到的古代文獻中,包括殷墟的卜辭在内,本字與本用脱節的現象已相當普遍。這説明,文字的形體演化的速度是相當快的。早期漢字僅僅在接近圖畫文字時,可能出現過形義較完整的統一狀態,這種狀態很快就被破壞了。從周秦時代大量的文獻中考察,本字與本用脱節有三方面

的原因特別值得重視：

（一）傳抄中的形訛

有些文獻的某些地方，本來用的是本字，但因字形的相近，訛成他字，致使意義難通。這雖然不是字形正常的演化，也不是大量存在的現象，但是給理解文獻的意義造成很大的障礙，在這種情況下，求本字是極爲必要的。例如：

《孟子·告子》："力不能勝一匹雛。"趙岐《孟子章句》解作"力不能勝一小雛"。以"小"訓"匹"，義未能通，所以後人便以"匹"爲量詞，以爲趙岐所説的"小雛"僅是訓"雛"，未訓"匹"字。實際"匹"爲"尐"的訛字。《説文·二上·小部》："尐，少也。"《廣雅·釋詁》、《玉篇·小部》、《廣韻·十六屑》均與《説文》同。《方言》則説："尐，小也。"而"匹"的隸書作"疋"，與"尐"相近而訛。所以，趙岐以"小"訓之，本字應是"尐"。

又如：

《尚書·堯典》"平章百姓"，《後漢書·劉愷傳》爲"辯章百姓"，李賢注引鄭玄説："辯，別也。"又《堯典》"辯秩東作"，今本作"平秩東作"。這兩個地方用"平"與"辯"意義相通，皆爲"釆"的訛字。《説文·二上·釆部》："釆，辨別也。象獸指爪分別也……讀若辨。""釆"的古文作"𥾝"，而"平"的古文作"𠂇"，與"釆"形似而訛。鄭玄訓爲"別"，本字應是"釆"，即"辨"的初文。

（二）意義引申引起的字變（義衍）

詞義處在不斷運動中，意義延伸增多，逐漸離原始造字意圖較遠了，所以，後來的通行字的形體往往發生變化。例如：

《説文·一下·草部》："藩，屏也。""藩"當"屏障"講，是它的常用義。例如《周禮》"職方藩服"注："屏四境也。"《左傳》有

"藩車",是一種有障蔽的車,名"藩",也是取有屏障之義。追索"藩"的本義,當籬笆講,《廣雅·釋室》:"藩,籬也。"《易·大壯》:"羝羊觸藩。"馬注:"藩,籬落也。"與"藩"的本義相適應的字形作"棥"。《説文·三下·爻部》:"棥,藩也。"並引《詩經·小雅·青蠅》:"營營青蠅,止于棥。"這個字形幫助我們瞭解"藩"(棥)的形象,它是用木頭搭成的柵欄。"藩"當"屏障"講,當"邊境"講,當"遮蔽"講……都是"籬笆"這個意義的引申。

"藩"與"棥"都見於《説文》,但"棥"是更早的本字,"藩"是義衍之後的後出字了。

(三)文字職務的轉移(職轉)

本字承擔着與它的字形相一致的本義,也承擔着由本義引申而尚未分化出去的引申義,這是它固有的職務。但是在文字的使用過程中,由於同音借用現象的存在,本字的職務常常轉移到借用字身上。在這種情況下。轉移後的借用字反而變爲承擔這個意義的通行字。這種情況《説文》中可以發現很多,一般並不影響對意義的理解。例如:

"離"是鳥名,"離別"、"分離"本字應是"縭",當"以絲介履"講,引申有"分離"義。但"離"成了"分離"義的通行字。

"核",《説文》説其本義是"蠻夷以木皮爲篋"。"考核"、"核實"的"核"字應寫作"覈",《説文》訓"實也"。但一般都寫"核"而廢"覈"。

但是,在古代文獻中,有些因文字職務轉移而寫的借字,往往影響對文意的理解。有時雖經注疏家將意義注出,仍很難知道這個意義從何而來。因此,就必須沿着聲音綫索找出本字,才能確信注釋是正確的。如:成語"不速之客",首見《易·需卦》:

“上六入于穴，有不速之客三人來，敬之終吉。”王弼注、孔穎達疏皆以“招”訓“速”，認爲“不速之客”爲不招而自來的客人。但“速”何以有“招”義，却很難理解。

《説文·三上·言部》“諫，餔旋促也。”《食部》：“餔，日加申時食也。”餔是下午四五點鐘的晚飯，有客晚來，恐天黑不便，常需催請，叫作“諫”。《左傳》說：“日云莫也，寡君須矣。吾子其入也。”便是催請客人入席。所以，“不速之客”的“速”，本字應是“諫”。所謂“不招自來”，就是没有催請自來的客人。“諫”的“請”、“招”義轉移到“速”字上。《詩經·小雅·伐木》“既有肥羜，以速諸父”、“既有肥牡，以速諸舅”的“速”，本字都應是“諫”。

又如：

古代字書中常有“瑩”訓“治”的。《倉頡篇》：“瑩，治也。”《周書·蘇綽傳》：“夫良玉未剖，與瓦石相類，及其剖而瑩之，玉石始分。”這個“瑩”當“摩”（磨）講。而“瑩”的本義是玉光，玉色。爲什麽會産生“治”、“摩”之義呢？這是“研”的意義轉移到“瑩”上，“研”當“磨”講，借爲“瑩”字（“瑩”與“研”雙聲，一在“青”韻，一在“寒”韻，韻近），故“瑩”有“治”義、“磨”義。

這三種情況，以職轉最爲普遍，也最值得重視。總之，只要嚴格按照形、音、義統一的原則，從古代文獻的實際材料出發，形訛的，給予訓正，義衍的，追其本義，職轉的，考於聲音，便可有根據地找到本字。

三、求本字的禁忌

求本字作爲以形索義訓詁方法的一個步驟，在實用上確有必要,在理論上也有道理。但是,任何方法都有它適用的範圍和條件,也都有它使用的規則。超出它的適用範圍,違反它的使用規則,便會產生謬誤。同樣,求本字這種方法,也不可百無禁忌地濫用。

首先,求本字的目的是爲了瞭解古代文獻的意義,驗證前代注疏的正誤,解決疑難的詞義問題。捨此目的而盲目地處處追求本字,在訓詁上是沒有必要的。例如,"油"當"油脂"講,"畢"當"完畢"講,"栽"當"種植"講……都不是寫的本字。在研究文字字形演變時,當然也應探求一下這些意義的本字是什麽,但在閱讀文獻時,既然並不影響文章的理解,那就大可不必去追求它們的本字了。

其次,求本字不可絕對拘泥於《説文》,還應廣泛核證於古代文獻,參考出土的文物。例如:

《左傳·宣公二年》:"華元逃歸,立于門外,告而入。見叔牂,曰:'子之馬然也。'對曰:'非馬也,其人也。'既合而來奔。"杜預注:"合,猶答也。"近年出土的銀雀山竹簡《孫臏兵法》"答曰"皆作"合曰",可知"合"是古代"對答"義的本字。這一點在古代文獻上還可以證明。如《左傳·襄公十年》:"與伯輿合要。"疏:"使其各爲要約,言語兩相辯答。"《史記·樂書》:"合生氣之和。"張守節正義:"合,應也。"《禮記·喪服小記》:"屈而反以報之。"注:"報,合也。"都可以證明"合"就是古"答"字。但《説文》:"合,合口也。"並不能説明"合"是"答"的本字。拘泥《説文》反而不得其解了。

再次,漢字經過一個長時期的使用過程,不論就它的總體還是就它的每個個體説,變化都是很複雜的。有些需要推求本字的訓詁，未必能準確找到本字。在證據未充足的時候，不要硬求。例如：

《説文・十四上・金部》："鏊，金聲也。从金輕聲。讀若《春秋傳》曰：鏊而乘它車。"《左傳・昭公二十六年》文是這樣的："苑子刜林雍，斷其足。鏊而乘於他車以歸。"杜注："鏊，一足行。""鏊"顯然用的不是本字。但哪一個應是本字，許慎"讀若"用的是"鏊"字，此字不見《説文》。可能是後出字，但缺乏文獻證明。段玉裁和朱駿聲都以爲"脛"是本字。段説："林雍既斷足，乃以脛築地而行，故謂之脛。"另一説又以爲"趣"是本字。《説文・二上・走部》："趣，行貌。"有人認爲正是杜預所説的"一足行"。但"行貌"與"一足行"並不同義，又沒有別的文獻證明。這一條，只好幾説並存了。

從這個例子還可以看出，求本字對解釋文意有極爲密切的關係。段、朱以"脛"爲本字，所以解釋林雍之行爲"以脛築地而行"；另一説以"趣"爲本字，則是爲了用《説文》"行貌"的解釋來迎合杜預"一足行"的説法。兩種解釋於文意均可通，便更難斷其是非了。

因此，我們的主張是：本字應求也可求，但要避免處處求、硬求和完全拘泥於《説文》去求。前人留給我們的這個方法，只要運用得當，是可以在探求詞義中解決很多問題的。

從"武"的本義談因字形求本義的原則

"武"的本義是什麼？這是歷代文字學家和訓詁家認爲平常而不足討論的問題。但是，細究諸家對"武"的本義的看法，實際上存在三種類似而不盡相同的解釋：第一種，認爲"武"的本義是軍武，即武力征伐；第二種，認爲"武"的本義是步迹；第三種，認爲"武"的本義是舞蹈。所以，在這個似乎不足論的問題上，實際上存在着分歧，尚需討論。而且，在因字形而求本義時，像"武"這樣似是而非却又並無定論的例子，絕非個別，還是很值得探討的。

一般説來，根據原始字形而求本義，必須符合如下幾個原則並具有與這幾個原則相應的條件：

第一，本義必須與字形相貼切，由此證明造這個字時，是根據這一意義來構形的。關於這一點，有兩方面的問題需要説明。一方面，語言產生的時代比造字時代要早得多，所以，造字時所據以構形的意義，未必就是在語言的詞中最早產生的意義，因而也未必是詞義引申的開端。但是，在文字沒有產生之前的語言狀態，是很難全面考察清楚的，而造字時據以構形的意義，一般應是所能考察出的最早意義。另一方面，由於詞義的經驗性必然會反映在文字的構形特點上，所以，從詞的文字構形所體現出的詞義，又往往能較爲清晰地窺出原始詞義的面貌，並從而決定引申的方向。儘管我們無法確定與字形相貼切的詞義一定是詞在剛產生時的最早意義，但用它來推究引申義列，一般不會有太大的問題。

"武"的字形《説文》作"恭",許慎以爲是個典型的會意字，因而在給六書中的"會意"下定義時就説："四曰會意，會意者，比類合誼，以見指撝，武信是也。"在《十二下·戈部》"武"字下又具體解釋説："止戈爲武。"這個解釋在鐘鼎和甲骨出現"武"字後，被不容置疑地否定了。甲骨文"武"字作夫、表、ƒ，鐘鼎文作戌、武，都象下足上戈之形，是一個持戈而立的形象。而這個比之實物大大簡化了的形象，突出的特點是足和持戈。它是個象形字。"武"的本義，應當由這個構形的特點上去找。

第二，本義必須是在實際語言中確曾使用過的意義之一，因此，探求本義必須參證於文獻語言，否則，因形求本義便會忽略文字記録語言的本質，成爲文字游戲。加之文字構形往往是象徵性的，不可能如工筆畫之酷似，所以主觀臆斷的可能極大。唯有參證於較早的客觀語言材料，才能避免這種主觀臆斷。

考察較早的文獻材料，與"武"的字形相貼切而體現它的構形特點的，可以有三個義項：

（一）舞蹈：

《禮記·樂記》："夫武之備戒之已久何也?"鄭玄注："武謂周舞也。"《樂記》又説："武亂皆坐周召之治也。"鄭玄注："武舞象戰鬥也。"《樂記》還説："然後鐘磬竽瑟以和之，干戚旄狄以舞之。"

這説明，確有一種手持干戈而動作的舞蹈叫"武"。舞蹈是用步伐體現節奏的，完全表現了上戈下足的特點。

（二）征伐、戰鬥：

《書·大禹謨》："乃武乃文。"孔傳："克定禍亂曰武。"

《左傳·宣公十二年》："夫武禁暴、戢兵、保大、定功、安民、和衆、豐財者也。"

"武"在文獻中當武功講,表示征伐、戰鬥,是很常見的,遠不止這兩處。而征伐既要持武器,又要用足行軍,也是體現"武"字的構形特點的。

(三)步迹:

《禮記·玉藻》:"君與尸行接武,大夫繼武,士中武。"鄭玄注:"尊者尚徐蹈半迹。""繼武,迹相及也。""中武,迹間容迹(按指迹與迹間尚可容一迹)。"

《詩·下武》:"繩其祖武。"《詩·生民》:"履帝武敏歆。"《詩·武》:"嗣武受之。"《毛傳》都說:"武,迹也。"

"武"字當步迹講,確有例證。這可以解釋"武"字突出足的意圖。而加上持戈,便可知道這種步迹,不是舞步,便是行軍的步伐。步迹的意思不可能是詞義的起點。

如何由這三個義項中確定出一個最早又最足以充當引申起點的本義,就需要考慮探求本義的第三個原則。

第三,本義所反映的現實事物或這個民族共同的經驗和認識,必須早於其他詞義所反映的內容。

詞義是使用這種語言的民族共同的生活經驗被鞏固在詞裏的內容,因此,詞義受着民族生活、民族心理的制約,具有鮮明的民族習慣性。而詞義一經鞏固進詞裏,約定俗成地與詞形相結合,便存在一種沿襲的慣性。因而,詞義的變化往往要落後於社會生活和人們認識的變化。因此,考察詞義所反映內容的歷史時期,可以幫助我們探究詞義產生的先後。因此,從"武"的三個可能作爲本義的義項中確定一個最早的,關鍵是考察舞蹈和戰爭哪種生活更早出現。

古代最早持武器的動作是驅趕野獸。集體捕獸的人們手持兵戈武器環繞已被發現的野獸踩着腳叫喊,以便把野獸趕至陷阱或網罟中捕捉之。在這個基礎上產生了原始的舞蹈。這種舞蹈在文明時期仍有保留的痕迹。《周禮》記載:"舞師掌教兵舞,帥而舞山川之祭祀。"又說:"凡野舞則皆教之。"鄭注與賈疏都認爲這種舞蹈是郊外的野人"欲學者皆教之",並不像其他宮廷舞蹈只有在宮廷的舞人能够練習。可見這種舞蹈還保留着群衆性。當時的舞蹈有文舞,持羽龠而舞,又稱羽舞;有武舞,持干戚而舞,又稱干舞,或名萬舞。《禮記·樂記》說:"武亂皆坐周召之治也。"鄭注"武亂"說:"武舞象戰鬥也,亂謂失行列也。"可見這種舞蹈是沒有整齊排比的隊列的。《禮記·郊特牲》又說:"武壯而不可樂。"意思是說這種舞蹈十分壯觀,沒有固定的節奏,無法配樂。這正說明了名爲"武"的舞蹈既無隊列又無統一節奏,如同原始人的驅獸,是持兵戈武器而動其足的。

歷史上的勞動舞蹈是先於戰爭征伐的。人們首先是與獸的戰鬥,然後才是與人的戰鬥。持兵戈武器而動其足首先是舞蹈的形象,以後才引申出軍武、征伐之義。又因舞蹈着重步伐,才引申出步迹之義。從歷史的發展看,舞蹈應當是"武"的本義。

從用字中還可以進一步證明這一點。"武"與"舞"本義相同,後來才分化爲"武功"和"舞蹈"兩義。而在分化前,它們在"舞蹈"這一意義上通用的地方很多。例如:

《周禮·地官·鄉大夫》:"退而以鄉射之禮五物詢衆庶……五曰興舞。"《論語·八佾》"射不主皮"注引作"興武"。

《春秋經·莊公十年》:"以蔡侯獻舞歸。"《穀梁傳》作"以蔡侯獻武歸"。

《戰國策》“秦武陽”，《史記·刺客列傳》作“秦舞陽”。

這種通用足以進一步説明“武”、“舞”的同一關係，無怪《釋名·釋言語》會作出“武，舞也”的聲訓了。

舞蹈、行軍都要突出脚步，所以産生了又一聲訓：“馬，武也。”這裏又要回到第一個原則上來。馬、牛、羊同爲六畜之一，但在人們的經驗中，各有其突出的特點：牛爲力畜，所以突出它的封肩。《説文》：“牛，大牲也……象角頭三封尾之形。”羊在六畜主給膳，所以突出它的毛和肉。馬作爲人的代步，特點是行走。《管子·形勢解》：“馬者，所乘以行野也。”所以“馬”的篆形突出四足。許慎在《説文解字叙》裏提出了一個“分理別異”的問題，這是表意文字造形的重要原則。同樣是四條腿的牲畜，要分其理，才能別其異。“理”就是它們不同的特點，“異”就是它們不同的字形。造字體現詞義特點，所以相當一部分字形雖距語言産生時期較遠，也能反映本義。“馬”以“武”訓，也是從它們共同的特點出發的。“武”的“舞蹈”本義所決定的引申方向，正是與它着重步伐的特點分不開的。

同源字和同源通用現象

　　詞和詞之間在音與義上可以發生三種關係：第一種，音同而義不相關，例如"友"和"有"，"楚"和"礎"等；第二種，義近而音相距很遠，例如"朋"和"友"，"關"和"閉"，"連"和"屬"等；第三種，音相近，義相通，例如"超"、"跳"、"躍"，"回"、"還"、"旋"等。具有第一種關係的是同音詞，具有第二種關係的是同義詞，而具有第三種關係的，是同源詞，從書寫符號的角度說，就是同源字。

　　同音詞和同義詞都是音義結合偶然性的表現。在語言發生的起點，音和義的關係很難用理性來解釋，只靠約定俗成來維繫。因此，同一聲音可以表達多種完全無關的意義，語言中便產生大量的同音詞；同樣，相同或相近的意義又可以用不同的聲音來表達，語言中又由此產生大量的同義詞。同音詞和同義詞都反映音義關係的偶然性，但是，音近義通的同源詞，却是與同音詞、同義詞性質完全不同的現象。詞彙隨着人類社會的發展而不斷豐富，在原有詞彙的基礎上產生新詞的時候，有一條重要的途徑，那就是在舊詞的意義引申到距本義較遠之後，在一定條件下脫離原詞而獨立。有的音雖不變，字却分形，產生新詞；也有的音有稍變，遂造新字，也成新詞。這就是詞的派生和派生推動下產生的字的孳乳，同源詞和同源字由此而產生。由同一個源頭派生出的新詞，聲音和意義都來源於它的根詞，所以彼此產生音近義通的關係。這是因爲它們之間有淵源流別關係,而不出於音義的偶然結合。例如:"升"、"騰"、"登"、"乘",在意義上都有向上的特點,聲音也相近,都在古音"登"韻、"端"母,它們之間有音近義通的同源關係。

認識同源現象,對我們閱讀古書有很大的實用價值。

首先,可以幫助我們認識某些雙音詞的結合規律。在雙音詞中,有相當一批是兩個同源詞構成的。例如:

柔弱	差次	寬闊	寬廣	晶瑩	少小	清净	粗疏	報復
跳躍	回還	徘徊	勉勵	匹配	遵循	悔恨	侵襲	造就
境界	命令	根基	間隙	……			

這類雙音詞的兩個詞素,往往因同源而在聲音上雙聲或迭韻,在意義上相去未遠。只有瞭解了同源現象,才能準確分析它們的構詞方式和意義特點。

其次,繫聯同源詞,能夠顯示詞義的特點,因而可以比較同義詞的意義差別。例如,"完"與"備"是同義詞,一般認爲它們的差異在於:"完"着眼於形體的完整,"備"着眼於數目的齊全。這種差異是如何分析出的呢? 一個很重要的辦法,是分別繫聯它們的同源字。"完"的同源字有"梡"、"棩",義爲没有劈開的整木頭;"丸",義爲閉封完整的球形物;"圓",義爲相合的形體;"圜",爲封閉完整的圓圈……從這一系列的字中可以歸納出它們的共同特點是"整",也就是没有經過分割,没有裂離之處。而"備"的同源字有"具"、"俱",都是"全部"、"盡數"的意思;有"富",義爲財物豐滿;"福",義爲求神保祐自己富有……這一系列字反映的共同特點是量多數盡。在同源字的系列中來比較二詞的差異,便非常明顯清楚了。

　　再如,"言"與"語"有人以爲是同源詞,其實它們僅是同義詞。比較它們的同源字,可以清楚地看出它們不同的特點。"言"的同源字有"諺"(一種在民間傳播的俗語)、"唁"(對死者家屬的慰問)、"傳"(語言相傳遞)……都是一種單方面的主動説話行爲。而"語"的同源字却是"牾"(相逆)、"禦"(抵抗)、"敔"(禁止),都是一種相對的活動。所以,"言"和"語"的差異才反映爲"言用於個人主動陳述,語則用於與人交談或回答問題"①。

　　第三,也是最重要的,就是同源字在發展過程中常有通用的歷史。例如:

　　　　九合諸侯,一匡天下,管仲之謀也。(《史記・管晏列傳》)

　　　　請數公子行日,以至晋鄙軍之日,北鄉自剄以送公子。(《史記・信陵君列傳》)

　　　　塞井夷竈,陳於軍中而疏行首。(《鄢陵之戰》)

　　　　大者爲師傅卿相,小者友教士大夫,或隱而不見。(《史記・儒林列傳序》)

以上文句中,"九"應是"勼"、"糾",當"集合"講,"九"也是從"集合"的意義發展來的,與"勼"、"糾"同源通用。"鄉"與"向"同源,本義都是"面對面",兩字同源通用。"行首"即"行道","首"是"頭兒","道"是"通到頭兒的途徑",二字同源,凡應寫"道"字而通作"首"的地方很多。"不見"即"不現",也就是不顯示出來,"現"來源於"見",二字同源通用。很多書上把這種同源

---

① 　見張之强主編《古代漢語》下册 590 頁。

通用的現象歸到通假一類，認爲它與同音借用是一類情況，這種說法很不妥當。同音借用字之間意義毫無關係，完全是使用文字時掂來一個同音的符號臨時用一下，而同源字的通用現象却不僅是文字符號的使用問題。形成同源字通用的原因主要有兩點：第一，是因爲同源字在派生分化之前，兩個意義共用一形的，分化後，雖然另造了新字，但人們在使用時還有一個不習慣的過程，往往將新形與舊形混用。例如，"見"與"現"通用，"首"與"道"通用，都屬這種情況，這是詞的分化尚未成熟的過渡時期所發生的現象。第二，是因爲同源字有音近義通的關係，音近則常被用作同音詞來替代，而義通又常被用作同義詞來置換。由於兩個因素同時存在，所以，同源通用現象比同音借用現象爲數要多得多。因此，在閱讀時，對這類現象的實質要認識清楚，才能更深更透地理解文意。

訓詁學和現代詞語探源

晚近白話文和現代口語中,有一些詞語,已爲人們熟知和常用,但問起這些詞語爲什麽要這麽説,有時還很難回答。例如,著名的《木蘭詩》有"出門見火伴,火伴皆驚忙"的句子。"火伴"一詞,今天還常説,但現代作品裏寫成了"伙伴"。晚近小説裏常可看到商人雇的店員稱"火計",又寫作"夥計",似乎"伙"與"夥"的原始寫法都是"火"。同伴、店員與"火"何關? 凳子、傘、抽屜、抹布都是常用的什物,它們的命名有來源嗎? 邀請別人來作客,自稱"東道主",舊社會雇傭工,主人稱"東家",兩"東"字何來? 費勁叫"吃力",失信叫"食言",力與言因何而被吃? 凡此種種,日常生活中越是常説,人們越不去推究它的名實關係,然而仔細想來,上面那些問題真還不是那麽好回答。

要想回答這些問題,需要依靠訓詁材料,運用訓詁方法,來進行詞語的探源工作。

現代語言中的一些詞,大部分是依靠古代漢語中現成的舊詞合成或派生的,但是由於生活的變化和語言的變異,有些詞的讀音、意義和書寫形式因各種原因,脱離了它的原始狀態,想弄清它最初的來源,已經不是那麽容易了。要探討這些詞語命名的由來,需從以下幾個方面着手:

(一)瞭解與詞語意義有關的古代歷史、生活和禮俗。許多詞語今人難以理解,往往是由於與它命名有關的生活和禮俗消

失了,有關的歷史也成了陳迹,不再被一般人瞭解,遂使詞源變得模糊。例如:

"凳子"的"凳",原是"登"的派生詞,早先字也寫作"登"。劉熙《釋名》説:"榻登,施之承大床前,小榻上,登以上床也。"早先的凳子很低,《晋書》記載:"何無忌與高祖夜謀,其母置凳於屏風,上窺之。"婦人立凳上,剛能探頭於屏風,可見凳不那麽高。以後加高了,充當坐具,登以上床的功能不存在了,命名的源由也就被人遺忘了。

"信"的本義是"真實"、"誠實",古代出使外國辦外交的人稱"信",取其講信用之義;又稱"使",取派出辦事之義,或合稱"信使"。以後,不只是國家的使節稱"信",一般派出與別人聯絡的差人也稱"信",《世説新語·文學》:"司空鄭冲馳遣信就阮籍求文。"這裏的"信"就是差人。因此,把差人携帶的書面函件也稱作"信"就很容易理解了。現在,往來函件不必使者去送,通過郵局就可以了。"信"來源於使臣這一事實,也被人遺忘了。

"東道主"語出《左傳·僖公三十年》,鄭國派燭之武見秦伯説:"若舍鄭以爲東道主,行李之往來,共其乏困,君亦無所害。"因爲鄭國位於秦國東面,所以稱"東道主"。漢光武對耿弇説:"是我北道主人。"北魏孝武帝對咸陽王説:"昨得汝主簿爲南道主人。"可見,稱"東道"、"南道"、"西道"、"北道",是因具體地理位置而異的,並非一定以"東"爲主人之稱,但是因爲《左傳》對後代語言影響大,而《燭之武退秦師》又是一代名文,所以"東道主"便成了典故。凡邀請別人在自己的駐地留歇,都自稱"東道主"了。

"東家"之説,與"東道主"本無關係,而是因爲周代的禮節,客人就西階,主人就東階,因而主人皆稱"東家"。家塾中老師居客位,所以後來的家庭教師稱"西席",私塾又稱"西塾",皆是與"東家"相對而言的。

(二)察考詞義引申的系統和字的俗出後出。例如:

"火"是古代軍隊的一種編制。唐代杜佑《通典》記載:"凡立軍五人爲列,列有頭;二列爲火,火立子;有死於行陣者,同火收其屍。"二列十人,十人爲火,是因爲行軍時十個人一起挖竈做飯剛剛合適。"火"取意於"火食"。《禮記・王制》:"夷蠻之俗,有不火食者矣。"《莊子・讓王篇》:"孔子窮於陳蔡之間,七日不火食。"而由於二列爲火,便引申爲許多人的意思,派生出後來的"伙"字。"火伴"因變爲"伙伴",本來專指軍旅之事,以後擴大至商賈之事。共同經商的人爲了安全一起行路,稱"搭火計",雇傭的店員也稱"火計",字也寫作"夥"。《説文》:"齊謂多爲夥。""夥"即"夥"。"火計"就是一塊兒算計作買賣。後來,連"火食"也受了"火"這一引申義的影響,寫成了"伙食",成了大家一塊兒吃飯的集體食堂的代稱了。

(三)沿着聲音綫索,探究本字,也就是從原始的書寫形式上來理解其原始意義。例如:

"吃力"、"吃勁兒"的"吃",難以理解。本字應寫"觳",《集韻》"觳"當"勤苦用力"講,與"喫(吃)"同音。

蚌肉叫"淡菜",應寫作"蜃"(音"淡"),珠出於蚌,采珠人稱"蜃户",可知蚌曾名"蜃","淡菜"應是"蜃菜"。

"傘"字原作"繖",《説文》訓"旌旗之斿也"。《爾雅》郭璞注:"繖,衆旒所著。"取其以中爲軸、從四面張開的特點,與"散"、"灑"、"撒"同源。以後寫作"傘",《晋書・王雅傳》:"遇雨,請以傘入。"陳鱣《恒言廣證》以爲到《南史》和《魏書》才寫"傘"字。

（四）探求因音變而改字的軌迹。音變的原因，較多是因爲方言的差異，也有些是由於急讀（兩音合一音，寫成一字）或緩讀（一音分兩音，寫成兩字）。例如：

吳語區稱里中小巷爲"弄"，其稱甚早。《南史》："蕭諶接鬱林王出，至延德西弄弑之。""弄"即"巷"。字本作"衖"。《楚辭》："五子用失乎家衖。"《説文》寫作"𨛜"，訓"里中道"，本讀喉音 hòng，變爲舌音讀 nòng，字才寫作"弄"，又稱"里弄"，北方的胡同原寫"衚衕"（hú tòng），正是"弄"的緩讀。

（五）留心因禁忌而改稱、改字、改讀的情況。例如：

《説文》："幡，書兒拭觚布也。"後來拭塵土的布稱"幡布"。南方船家因"幡"與"翻"同音，犯"翻船"的忌諱，所以改稱"抹布"，北方人讀 mā bù。

每年的陰曆第一個月稱"正月"，讀平聲 zhēng，是避秦始皇的諱（始皇名嬴政，"政"、"正"同讀去聲）而改調的。

從以上幾方面可以看出，解決現代詞語的探源問題，是訓詁學在研究現代漢語詞彙上的一項重要應用。做這項工作時，要綜合運用訓詁學形音義結合的方法，並在訓詁材料中找到歷史發展上、生活禮儀上、文字語言上的多種證據，得出科學的而不是臆斷的結論。這對研究現代漢語詞彙特別是詞義學，對詞彙規範化的工作，以及方言詞語的研究和詞語教學，都是非常有意義的。

《説文解字》與訓詁學

《説文》在訓詁上的價值

《説文》是後漢許慎在公元100年創稿、121年成書的一部小學專著。它搜集周秦的古文、籀文、篆文，以字形爲編排的依據，分爲540部，書名定爲《説文解字》，因此，一般都把它當作文字之書，有人還認爲它"主要對象不是字義，而是字形"。其實這話並不十分準確。説《説文》是搜集文字、整理文字之書，這是對的；但從許慎寫《説文》的意圖看，恐怕主要還在通過字形來探討字義。字形僅是他的出發點，字義才是他的落脚點。許慎在《説文叙》中曾説，他所以要搜集古文，是因爲這種早期的文字"厥意可得而説"；許冲《上説文解字書》中强調"自《周禮》、《漢律》，皆當學六書，貫通其意"，在介紹《説文》本書時，特別説明這部書"六藝群書之詁，皆訓其意"，都是强調這個"意"字。許慎是個古文經學家，被稱作"五經無雙許叔重"，他寫《説文》的目的是爲了傳播古文經典，所謂"依字解經"，"依字"就是依字形，"解經"就是解經意。所以，説字形是出發點，字義是落脚點，是不歪曲許慎原意的。北齊的顏之推在《顏氏家訓·書證篇》裏推崇《説文》的價值説："若不信其説，則冥冥不知一點一畫有何意焉。""一點一畫"就是形，而人們所知道的還是那個意。小學到了晚清，明確分成文字、音韻、訓詁三個部類,形、音、義各管一段。音韻確實是分出去了,可文字訓詁怎麼也分不開,原因就是漢字的表意特點決定了傳統的因形說義的方法,漢字的形與義很難絕然分開來研究。

《說文解字》的字義訓釋,一般稱作形訓。它與字形相貼切,而且主要是選擇能夠說明字形的那個義項來加以訓釋的,這是《說文》字義訓釋的一項毫無例外的原則。黄季剛先生在論及"說文之訓詁必與形相貼切"這一條例時說:

> 《說文》之作,至爲謹慎。《叙》稱:"博考通人,至於小大。"是其所說皆有來歷。今觀每字說解,俱極謹嚴。如"示"云:"天垂象,見吉凶,所以示人也。從二。三垂,日月星也。觀乎天文,以察時變。示,神事也。""示",合體指事字,爲托物以寄事,故言"天垂象,見吉凶,所以示人也"。如不說"天",則"從上"無根據;不說"垂象",則三垂小無所繫。言"示神事",爲在下凡從示之字安根。……又如"璗"云:"金之美者,與玉同色。""與玉同色"句爲下文"從玉"二字而設。"靈"云:"靈巫,以玉事神。""以玉事神"句亦爲下文"從玉"二字而設。凡說解中從字必與其形相應,字不虛設。其有"一曰"之文與從字無關者,則後人所妄補也。

季剛先生這段話,以"示"、"靈"、"璗"三字,說明了形訓的特點,也說明了許慎對形義關係的一種看法。但是,這樣簡單而獨特的訓釋,是否能解決上古漢語多義詞各種複雜的詞義問題呢?爲什麽歷代訓詁大家,都要遵循《說文》來說義呢?這是因爲,《說文》所作的形訓,直接顯示或本身就是詞的本義,而本義是詞義引申的起點,一個多義詞,不論有多少義項,都要根據它與本

義的相關關係確定其爲引申義,或根據它與本義的毫不相關確定其爲假借義。舉"崇"字爲例:

"崇"字常用的義項有:

(1)山高:司馬相如《上林賦》:"崇山矗矗。"

(2)增長:《書·牧誓》:"是崇是長。"

(3)推崇:韓愈《進學解》:"登崇俊良。"

(4)受尊崇的人:《左傳·宣公十二年》:"師叔,楚之崇也。"

(5)積聚:《左傳·隱公六年》:"廢夷蘊崇之。"

(6)終了:《詩·蝃蝀》:"崇朝其雨。"

在這些義項中,"山高"是本義,"崇"字從"山",《説文·九下·山部》:"崇,嵬高也。"由具體的"山高"引申爲一般的、指向較寬的"高","增長"就是"使之高","推崇"就是"以之爲高",可知(2)、(3)兩項都是與"山高"直接相關的引申義。由"推崇"再引申爲"受尊崇的人",由"增長"而再引申爲"積聚",又可知(4)、(5)兩項都是與"山高"間接相關的遠引申。而"終了"的意義與"山高"就沒有什麽關係了,所以朱駿聲認爲這個意義是"崇"的假借義,本字應是"終"("崇"、"終"都在"冬"韻)。

比起其他的詞典、訓詁專書,《説文》雖然每字只訓釋一個(最多兩個、三個,是個别的)義項,但這個義項却是理解和辨析其他意義的根本。從另一方面説,根據《説文》形義關係的統一,又能確定古代文獻中寫的是不是本字。例如:

"説"字:

《左傳·宣公十二年》:"楚子爲乘廣三十乘,分爲左右。右廣雞鳴而駕,日中而説;左則受之,日入而説。"這兩個"説"都當

“解脱”，也就是“下班”講，本字應是“奪”，俗用“脱”字。《説文·四上·隹部》：“奪，手持隹失之也。”正是“脱落”、“解脱”、“脱離”義的本字。“説”是“奪”的借字（二字均在“曷”韻，同屬“定”紐）。

“闕”字：

《國語·吳語》：“吳王夫差既殺申胥，不稔於歲。乃起師北征。闕爲深溝，通於商魯之間。”“闕”當“挖通”講，“闕”從“門”，本義是“門觀”，與“挖通”義没有關聯，是假借字，本字應是“掘”（“闕”在“曷”韻，“掘”在“没”韻，韻旁轉）。《説文·手部》：“掘，搰也。”是“挖掘”的本字。

“成”字：

《離騷》：“初既與余成言兮，後悔遁而有他。”“成”字，王逸訓作“平”，洪興祖補注依《九章》改“成”爲“誠”，都不妥當。這個“成”應作“定”講。《左傳·桓公二年》：“以成宋亂。”《國語·吳語》：“吳晉争長未成。”《國語·晉語》：“民無成君。”幾處“成”都當“定”講。“成”與“定”都在“青”韻、屬“端”紐，“成”是借字，“定”是本字，《説文·七下·宀部》：“定，安也。”正是“安定”、“肯定”義的本字。

《説文解字》以形義統一的原則，據一義而定本字本義，本字定而借字明，本義定而引申義、假借義明，這使得《説文解字》在訓詁上具有特殊的重要價值。

這裏還要解決一個問題，那就是比《説文》更早的甲骨文、鐘鼎文出土後，發現《説文》的字形有一部分已經脱離了原始造字意圖，筆勢化了。用這樣的字形説本義，便容易產生牽强附會的弊病。例如：

"录",《説文》作彔,解釋作："刻木录录也。象形。"這個解釋很牽强。甲骨文"录"字作彔,象打水的轆轤,本義應是汲水之物,小象滴水之形。

"爲",《説文》作爲,訓釋作："母猴也。其爲禽也好爪。爪,母猴象也。下腹爲母猴形。王育曰,爪,象形也。"爲證實這個母猴説,段玉裁還給找了一條證據："《左傳》魯昭公子公爲,亦稱公叔務人。《檀弓》作公叔禺人。由部曰:禺,母猴屬也。然則名爲字禺,所謂名字相應也。"如此牽强解釋,義仍未通。而甲骨文作爲,象以手牽象之形,由"役象"義引申爲"作爲"義,形義便統一了。

這種例子在《説文》中不是個別的,應當説,有相當一批。既要求本義,便需依據能體現原始造字意圖的字形。而《説文》的字形就今天所見的資料看,並不是最早的,這是否會影響它在探求本義上的價值呢? 這個問題要從《説文》所收文字的特點看。

《説文》所收的文字,屬篆文。它是我國文字史上最早的一批形體固定、造形系統的漢字,又是最晚的一批能够反映原始造字意圖的漢字。更重要的是,它是中國古代文獻大量産生時期的記録符號,因此,這批文字在漢字和漢語的研究上有特殊的作用。首先,由於它形體固定,造形系統化的程度較高,便容易發現漢字造字的規律,並能根據這些規律識別具體的字形。甲骨和早期鐘鼎均未形成成熟的固定系統,所以其形體辨識難度較大。相當一批字衆説紛紜,未能定論,已定論的也要靠《説文》充當階梯。這是它比金甲文字晚而帶來的好處。其次,它雖然有相當一批字脱離筆意而筆勢化了,但從總的情况看,其意仍可得而説,不像後來的隸書,完全符號化了。這又是它比隸書、楷書早而帶來的好處。更重要的,用這種文字記錄了大量的文獻,因此,有了一批全面反映古代生活的文獻語言作爲瞭解文字形義的後盾。文字的研究有兩種方法:一種是參照書面語言,結合對古代歷史和社會生活的研究,對文字的形、音、義進行綜合研究;另一種是推測文字字形和物象的關係,以物象定字義,而不顧及它記錄語言的實際。前一種方法是把文字當作記錄語言的符號系統來研究,是科學的;後一種方法是把文字當作物象的圖形來研究,是違背文字的本質的,弄得不好,便要成爲文字游戲,而且没有客觀標準,極易有主觀臆測的弊病。黄季剛先生在談及鐘鼎甲骨文字時説:

> 認識鐘鼎文字之法:一較其相似者;二探其文法。若其文字之不可解者,由不知其字之本,與其筆勢之變。凡不知別異之説,徒以意爲之,則不免於鄙陋。不知筆勢之説,則已識之字不能解説,不識之字則生妄言。
>
> 古文篆書本有筆勢變化,而不可知其下筆之意者。故治鐘鼎甲骨者,不宜專據點畫以爲説也。

這段話精闢地説明,治鐘鼎甲骨必須通過《説文》,由《説文》之筆勢推及早期文字的筆意①。這樣,既辨識了早期文字,又糾正了《説文》的紕謬,這樣才能堅持第一種科學的研究方法。這就是爲什麽《説文》雖非最早文字却有特殊作用,雖有比之更早的鐘鼎甲骨,而其價值仍不稍貶的原因。

---

① 表意文字在造字初期是依據它所記録的詞的某一意義來繪形的。還保持着原來的造字意圖,能够表現字的本義的形體,叫"筆意"。漢字經過演變,逐漸整齊化、符號化,從而脱離了原始的造字意圖,無由看出它所依據的本義了。這種形體叫"筆勢"。有關"筆意"、"筆勢"的定義、例證及闡説,見陸宗達、王寧《訓詁方法論》(中國社會科學出版社 1983 年版)附録:訓詁學名詞簡釋。並見同書 40 頁。

《説文》在訓詁上的應用

《説文》在訓詁上的應用非常廣泛,可以解決多方面的問題,這主要是因爲它能以一義轄諸義的緣故。

運用《説文》的本字本義,根據形義統一的原則,來解決多義詞諸義項的關係問題或詮釋疑難詞義,是《説文》在訓詁上應用的常規。例如:

"亂"字既有"紊亂"義,又有"治理"(也就是"不亂")義。這是許多年來爭論不休的問題。有人主張"亂"兼有此二義是"反正爲訓"(我們稱"反正義同詞",不稱"反訓",因爲這不單純是訓釋問題),是合理的。也有人認爲"亂"當"理"講是另外一個字(郭沫若認爲《楚辭》最後的"亂曰"的"亂"是"矞",不是"亂"字),不承認反正義可以由於同存在於某一具體事物上而共詞。這一問題可以用《説文》解決。

《説文·十四下·乙部》:"亂,治也。从乙,乙治之也,从矞。"而《説文·四下·受部》:"矞,治也,幺子相亂,受治之也。讀若亂同,一曰理也。"這兩個字是《説文》的異部重文,實際上記錄的是一個詞。分析字形,篆文作亂,古文作亂,都象兩手(矞),在工具上(矞、矞)理絲(矞),絲亂而理,理則治,"亂"與"治"這兩個意義是統一在理絲這一具體事物上的。《説文·三上·言部》有個"䜌"字,訓"亂也,一曰治也,一曰不絶也"。這個字的讀音與"亂"同(吕員切,luán),它的古文矞,也象兩手理絲狀。其形義可作"亂"字有正反兩義的旁證。

除了解決這種一般人難以置信的多義詞義項的關係外,還可以解決一些疑難詞義問題。

《說文·三上·言部》："諫，餔旋促也。"《食部》："餔，日加申時食也。"申時是下午四五點鐘，太陽快下山了，這時吃飯，恐怕延誤時間，一般都要催請。"旋"義是快，"促"義是催。"餔旋促"就是催人入席吃飯。《左傳·成公十二年》講楚子請晉國的郤至吃飯，郤至將要登室入席，忽然"金奏作於下"，郤至吃了一驚，子反趕緊解釋說："日云莫（暮）矣，寡君須矣，吾子其入也。"這正是"餔旋促"。可見"諫"當催請人吃飯講，正是成語"不速之客"的"速"的本字。《詩經·小雅·伐木》："既有肥羜，以速諸父。""既有肥牡，以速諸舅。"這兩個"速"也應寫成"諫"。

《說文》不但保存本字本義的材料，還保存假借義的材料。首先是在"讀若"裏保存着假借。例如：

《說文·八上·衣部》："褻，衣躬縫。从衣毒聲，讀若督。"這個"讀若"解決假借問題。經典"褻"字常借爲"督"，"督"當"察看"講，但它的有些詞義顯然與"察看"義無關。是由"褻"字轉移來的借義。

《方言》四："繞緺謂之䙱裺。"郭璞注："衣督脊也。"（這個"督"借的是"褻"的本義。）

《周禮·考工記·匠人》："分其督旁之修。"賈公彥疏："名中央爲督。"（衣躬縫在正中，所以"褻"引申有中央之義。這個"督"借的是"褻"的引申義"中央"。）

《內經》所謂"督脉"，即是"褻脉"。因其在頸與篹之間，貫通背中而得名。

旁見說解中也保存假借材料，可以用來解決訓詁問題。例如：

《説文·五上·虎部》："虠，虎竊毛謂之虠苗。从虎戔聲。竊，淺也。"這裏所見之旁及的説解"竊，淺也"，是説明"虎竊毛"的"竊"義的。而"竊"訓"淺"，因爲它是"淺"的借字。段玉裁説："《大雅》曰：'鞙鞙淺幦。'傳曰：'淺，虎皮淺毛也。'言'竊'言'淺'一也。《釋鳥》'竊藍'、'竊黃'、'竊丹'皆訓淺。於六書爲假借，不得云'竊'即'淺'字。"——這段話説得很明白。由此看來，《爾雅》"竊玄"因毛羽淺黑而得名，"竊脂"因毛羽淺白而得名，其義自明瞭。

綜上所述，《説文》解決訓詁問題，不外是利用其本字、本義的材料，或借字、借義的材料，來幫助我們閱讀古書，瞭解古代文獻的詞義。下面我們再舉一些實例，來説明應用《説文》解決訓詁問題的廣泛性。

第一，運用《説文》瞭解古代生産生活的情況，例如：

《説文》正篆没有"煤"字，但從《説文》有關的文字可以看出煤這種燃料在我國的發現和使用情況：

《説文·十上·黑部》："黴，中久雨青黑。"（《韻會》引徐鍇本作"物中久雨青黑"。）《通俗文》説："物傷濕曰黴。"《淮南子·説山訓》高誘注："文公棄其卧席之下黴黑者。"由此可知，古人首先發現了霉黑現象。以地下因潮濕而發青黑色之物稱"黴"（今作"霉"）。

春秋時代，又由"黴"字發展出一個"墨"字。《説文·十三下·土部》："墨，書墨也。"劉熙《釋名》："墨，痗也。似物痗黑也。"可見"墨"讀 mò 與 mèi（如同今之"没"讀 mò 與 méi 兩音。山東即墨縣，"墨"亦讀 mèi）。這可以看出，"黴"與"墨"雖然本質不同，但都呈青黑之狀，可謂"同狀異所"。

　　到了漢代，有"煤"這個字了。《説文・十上・火部》："炱，灰炱，煤也。"這個"煤"見於《説文》的説解，可證是漢代之字，指的是石炭。顧炎武説："今人謂石炭爲墨。按《水經注》冰井臺井深十五丈，藏冰及石墨焉。石墨可書，又燃之難盡，亦謂之石炭。是知石炭石墨一物也，有精粗爾。北人凡入聲字皆轉爲平，故呼墨爲煤，而俗竟作煤，非也。"顧説極是，"煤"確爲"墨"發展出的同源字。漢代已有炭煤。《史記・外戚世家》：竇少君"爲其主入山作炭，暮寒臥岸下百餘人，岸崩，盡壓殺臥者，少君獨得脱，不死"。"作炭"之"炭"，指的就是這種石炭，即炭煤。

　　語詞"黴"——"墨"——"煤"的派生發展，從一個側面反映出古代燃料的發現和開采、使用情況。

　　第二，運用《説文》瞭解古代科學發展的情況，例如：

　　《説文・三下・㸚部》："㸚，二爻也。"這是"美麗"的"麗"的本字。《㸚部》還有"爾"字。下云："麗爾猶靡麗也。从冂从㸚，其孔㸚，尒聲。此與爽同意。""爽"也從"㸚"訓"明也"。這些字的形義，都可以反映古人對光綫的看法，從中可以看出先秦已有交午之説。《墨經》説："景到（按：即影倒），在午（乂）有端與景長。説在端。"孫詒讓説："午（乂）者，一縱一横，本借爲乂。"長即今所謂綫，端即今所謂點，也就是焦點。凡光交聚成點時，穿孔而交成倒影。《墨子・經説》中闡明這種現象，説明這種光學原理在先秦已被發現。"㸚"字從字形上反映了這種觀點。

　　第三，運用《説文》探求名物的來源和追尋詞義的特點，例如：

　　《説文・十上・馬部》："騆，馬赤白雜毛，从馬叚聲，謂色似騆魚也。"爲什麼"色似騆魚"就名"騆"？《十一下・魚部》："鰕，魵也。"段玉裁改作"鰕,鰕魚也。"並注曰:"鰕者,今之蝦字。"段說極是,蝦熟而呈赤紅色,馬有赤毛色類蝦,所以名"騢"。再結合《一上·玉部》:"瑕,玉小赤也。"可以看出,"鰕"、"騢"、"瑕"都因赤色而從叚聲,爲同源字。

草木蟲魚可以通過《說文》探求其名物來源,一般詞彙也可通過《說文》追尋其詞義特點,以求得對詞義的具體含義更深刻的理解。例如:

《說文·十二下·弓部》:"彎,持弓關矢也。"這裏以"關"訓"彎",是聲訓,意味着"彎"與"關"同源。《十二上·門部》:"關,以木橫持門户也。"凡同源字,詞義特點必相似。"彎"與"關"的相同點在什麼地方呢?"關"是"以木橫持門户",用木橫貫門框兩邊的門樞。"彎"是將箭搭在弓上,也是用箭身貫通弓弦與弓背。二字的共同特點是貫通。而"彎曲"義是由弓背而引申的,是另一方向的引申。"關"除"關聯"、"關係"等義沿"貫通"這個特點引申外,"關閉"、"關口"等義,也是沿着另一方向的引申。

第四,運用《說文》解決文字訛誤造成的疑難詞義。例如:

《孟子·告子》:"力不能勝一匹雛。"趙岐《孟子章句》解作"力不能勝一小雛"。後人多不能解趙岐之意,以爲"匹"是量詞,"雛"訓"小雛"。其實,"匹"爲"尐"的訛字。《說文·二上·小部》:"尐,少也。"《廣雅·釋詁》、《玉篇·小部》、《廣韻·十六屑》均與《說文》同。《方言》則説:"尐,小也。"實際上,古代文字多有方向不固定者,"少"與"尐"本是同字,而"匹"的隸書作"匹",與"尐"相近而訛。所以,趙岐以"小"訓之,"匹雛"應是"尐雛"亦即"少雛"。

第五,運用《說文》考訂新詞的古義和古字。例如:

今之飯店設座待客，稱作“雅座”。黃季剛先生作《蘄春語》說：“《御覽》百八十一引《通俗文》：客堂曰庌；五下反。今北京酒食肆設坐以待客，曰雅坐，即此庌字。”考之《説文·九下·广部》：“庌，廡也。”“廡，堂下周屋。”“庌”是待客之處。其名來源於“迓”，即“迎”，迎客之屋是爲“庌”。“雅座”的原義是迎客之席。

又如：

毛筆、鋼筆均有筆套。“套”是俗字。正字應寫“韜”。《説文·五下·韋部》：“韜，劍衣也。”即劍套。筆套就是筆韜，又有寫作“筆搯”的。《説文·十二上·手部》：“搯，一曰韜也。”“筆搯”即是“筆搯”，也就是“筆韜”。

第六，運用《説文》探求方言俗語音變義轉的軌迹。例如：

今之食肉，有兩脊之瘦肉，最爲鮮美，稱作“裏脊”。“裏脊”之稱，來源於“呂”。《説文·七下·呂部》：“呂，脊骨也，象形。”“膂，篆文呂，从肉从旅。”可知“裏脊”是“呂脊”之變。“呂”變“裏”係方言的音變。四川、雲南方言，li 與 lü 不分者很多，甚至有呼“呂后”爲“李后”者。音由撮口呼變齊齒呼，字則由“呂”變爲“裏”。

以上是有規律的音近而變，也有因某種風俗造成整個名稱隨意義而變者。例如：

今天吃飯用的筷子，名稱由何而來？《説文》用以夾飯的東西叫“箸”，《五上·竹部》：“箸，飯攲也。”《三下·支部》：“攲，持去也。”飯攲就是夾飯的器具。因爲“箸”音與“住”相近，南方的船家忌諱這個稱呼，所以改爲“快”，取“住”的反義，即行船吉利。《儼山外集》説：“民間俗諱，各處有之，而吳爲甚。如舟行諱住諱翻,以箸爲快兒,幡布爲抹布。諱離散以梨爲圓果,傘爲竪笠……"這些行業語有時也反過來影響全民語言。"筷子"竟成通語,因多爲竹製,故字加竹頭。

第七,運用《説文》解釋成語的原始意義。例如:

成語"自暴自棄",語出《孟子》,"暴"字難解,《荀子》有"怠慢僄棄"之説,"暴棄"即"僄棄"。《説文・四下・受部》:"受,物落上下相付也。从爪从又,讀若《詩》摽有梅。""受"即"暴"、"僄"的本字,後出字作"拋"。"自暴自棄"即"自拋自棄"。

又如:

成語"色厲而内荏",語出《論語》。"荏"是一種植物,本義放在成語上難解。黄季剛先生認爲"荏"是"恁"的借字。《説文・十下・心部》:"恁,下齋也。"《周禮・天官》鄭玄注説:"齋,資同耳。""下齋"就是"下資",也就是才能低下,沒有本事。"色厲内荏"即"色厲内恁",意思是外部表情嚴厲而内心空虛無能。

以上七點是舉例而言。《説文》在訓詁上的應用是非常廣泛的,遠不止以上幾點。研究《説文》,自然首先要弄懂它所提供的形、音、義材料,從中找出文字字形和它所記録的詞的音義結合規律和發展規律,這些研究得越深透,運用《説文》就越得法,越準確。《説文》的研究最終還要落實到由形、音而探求詞義上。所以説,訓詁是《説文》的落脚點。

《説文》應用於訓詁的基本方法

應用《説文》通訓詁,必須運用傳統語言文字學的基本方法,也就是形、音、義統一的方法。段玉裁在《廣雅疏證序》裏説:

　　　　聖人之制字,有義而後有音,有音而後有形。學者之考
　　字,因形以得其音,因音以得其義。

這段話説得簡練而深刻。它説明,因爲表意的需要,才給物命
名,因而有音。音義結合後,才據之以造字,因而有形。而考字
則與造字的來路相反,它需要據形以知音,由形、音而求義了。
形、音、義統一的方法原理在於此,步驟也在於此。

　　形、音、義本來是統一的,但是,在語言和文字使用過程中,
由於這三個要素每一個都要發展變化,因而漸漸脱離了原始的
統一狀態,變得不統一了,有矛盾了。《説文》是力圖使形、音、義
統一的,但由於它畢竟不是搜集得最早的字形,也無法推斷最早
的詞義,因此,就在《説文》本書裏也不可避免有形、音、義的矛
盾。例如,《七下・白部》"白"字字形作 𦥑,但解釋却説"从入合
二",而"从入合二"又如何與"白"的意義統一? 也很難解。又
如,《十上・馬部》的"駚"訓"馬行伿伿也",而《八上・人部》的
"伿"訓"勇壯",與"駚"字的使用意義也出現不一致的現象。再
如,《八上・人部》的"位"字,徐鍇本作"從人立聲",而"立"與
"位"聲音不接近,也難於解釋。這種情況是很多的。要想準確
探求詞義,必須進行形音義的綜合研究,將矛盾的原因找出,把
它們統一起來。例如:

　　"駚"字,綜合研究其意義,可見《八上・人部》"佁"下説:
"癡貌,从人臺聲,讀若駚。"這個讀若是表明同源字的,知"駚"的
本義是痴笨。《釋名・釋姿容》:"貸,駚貸者。言以物貸予駚者,
言必棄之不復得也。不相量事者之稱也。"這裏用的是"駚"的本
義。"駚"的另一個同源字"駘,駑馬",也可見其詞義特點爲"痴
笨"。《後漢書・司馬相如傳》:"伿以佁儗。""佁"即"駚","儗"

即“癡”(《説文·七下·疒部》:“癡,不慧也。”),知“仡”也包含缺乏智慧,没有心眼的意思。“仡仡”即勇而無謀之狀,所以《説文》以“仡仡”訓“騃”。

“位”從“立”聲,經典可以證明,《周禮·小宗伯》注:“故書‘位’作‘立’。鄭司農云:‘立’讀爲‘位’。古者‘立’、‘位’同字。古文《春秋》經‘公即位’爲‘公即立’。”《三體石經》“位”也作“立”。但“立”在“來”紐“合”韻,“位”在“匣”紐“没”韻。從一般的通轉關係看,韻部離得較遠。這要靠音韻學的新成果來解釋。根據黄季剛先生晚年的説法,“合”應與“歌”、“曷”、“寒”組有對轉關係。而“灰”、“没”、“痕”組,與“歌”、“曷”、“寒”組有近旁轉關係,這樣看來,聲音還是相近的。

由上可見,綜合《説文》全書的材料,運用音韻、文字的研究成果,核證古代文獻資料,便可求得形音義的統一,達到因形音以求義的目的。

除了《説文》本身存在的矛盾外,《説文》與歷代文獻中使用着的字與詞,也存在很多矛盾。這些矛盾的解決,需要作好查本推源、繫詞聯義、較同辨異、尋形分字這四項工作[①]。由矛盾達到了統一,各種形、音、義的疑難問題也就迎刃而解了。

解决訓詁問題要注意保留在《説文》中的各方面的材料。除正式説義的聲訓、義訓,正式説音的“从×聲”和“讀若”,正式説形的“从×”、“象×形”等材料外,還應注意旁見的形、音、義説解,如:

《八上·壬部》:“𡈼,近求也。从爪壬()。壬,徼幸也。”

① 詳説請參考陸宗達、王寧《文獻語義學與辭書編纂》一文(載 1982 年第二期《辭書研究》)。

其中"壬，微幸也"爲旁見説解。可供研究"壬"、"幸"二字作參考。"壬"與"幸"同源，詞義特點爲"直"，從"壬"之字"莖"、"頸"、"脛"、"挺"等多有"直"義，而"幸"之"幸福"、"幸運"義也由"直"義而來，古人以直爲幸福，以歪（夭）爲不幸。

《十二上·耳部》："聯，連也。从耳，耳連於頰也。从絲，絲連不絕也。""絲連不絕"爲旁見説解，指出"絲"的特點，可供理解《三上·言部》"䜌"字："䜌，亂也，一曰治也，一曰不絕也。""亂"、"治"與"不絕"三義均統一在絲上。

在探討字義時，不只看這個字作正篆時如何被訓釋，還要看它訓釋其他字時使用什麽意義。例如：

《説文·十一上·水部》："深，水出桂陽南平，西入營道，从水罙聲。"依《説文》所列正篆，"深"的本義是水名。但"深"作訓釋詞時，都當"深淺"之深講。例如："測，深所至也。""灊，深也。""窈，深遠也。"……特別是"淺，不深也"，直接以"深"爲"淺"的反義詞，而《七下·穴部》"罙"也訓"深"。因此，在釋"深"的本義時，完全不必認爲是水名，直接以深淺之深義解之即可。

《説文》的語音材料，保留在形聲字聲符裏和讀若裏，但也還要多方面聯繫來看。例如：

《二下·齒部》："齰，齒傷酢也，从齒所聲，讀若楚。"《六下·貝部》："貯，齎財卜問爲貯，从貝疋聲，讀若所。"《八下·欠部》："欨，所謌也，从欠嗆省聲，讀若叫呼之叫。"段玉裁以爲應是"欨，欨所，謌也"，"欨所"即"欨楚"。根據以上材料，可以看出"所"與"疋"同音，而且在造字和用字時都有互換現象，經常通用。進而明白"所"有"處所"之義是假借"疋"字。"疋，足也"，由"足"義引申爲"處所"義，正如"止"爲脚而孳乳出"址"。

運用《説文》進行形、音、義的綜合研究，必須如上所説，廣泛運用《説文》多方面的材料。這是由於《説文》所收的文字是在造形上成系統的文字。綜合多方面的材料，可以減少誤差，增多根據。除此之外，已被甲骨鐘鼎證明是錯誤的字形，不外是三個原因：

第一，以變化了的筆勢代筆意，强説字義。

第二，以後出的引申義代本義，强合字形。

第三，以陰陽五行之説，附會字義，亂講形義關係。

不論是如何錯的，都要根據最新的文字材料，對錯形別義加以糾正，不可盲目輕信《説文》，亦步亦趨，以訛傳訛。

《說文解字》及其在文獻閱讀中的應用

　　東漢許慎所著的《說文解字》(簡稱《說文》)是我國語言學史上第一部分析字形、說解字義、辨識聲讀的字典,也是世界上出現最早的,合乎科學精神,富於獨創性和民族風格的字典。它大約成書於東漢安帝建光元年(公元 121 年),是作者花費了半生心血才寫成的。

　　許慎是古文學派的經學大師,曾被譽爲"五經無雙許叔重",他的觀點和古文學派其他經學家的觀點一樣,是主張通過語言文字學(當時稱"小學")來治經典,實事求是地探求古人的原意,而不是以今人之意去妄斷古人,使經典失去它原有的真相。這樣做,對研究語言文字和研究經學這兩個方面說來,都是唯物的。正因爲如此,《說文解字》便成爲一部對閱讀古代文獻很有價值的字典。

　　《說文解字》共搜集了九千三百五十三個形體,加上重文(當時的異體字)是一萬零五百一十六個。這些形體是按部首編排的,全書共分十四卷(每卷分上、下)五百四十部。《說文》的部首分得比較瑣細,次序也比較零亂,今天的人查閱起來是比較困難的。所以新版的《說文解字》後面都附有筆畫檢字索引,可以按楷化以後的字形筆畫去查檢。在這一萬多字形下面的說解,都分成形、音、義三個部分,排列是先義後形最後音。如:

　　《四下·肉部》:"肍,孰(熟)肉醬也。从肉九聲。讀若舊。"

這個説解的意思是，"肍"，本義爲"熟肉醬"，形體"从肉九聲"，半形半聲，是個形聲字，聲音與"舊"相同。許慎當時没有反切和拼音符號，只用"直音"，也就是用一個同音字來標音。但《説文》的"讀若"却不僅僅是標音的，其中包含很多文字現象：（1）標明通行的後出字，如"自，讀若鼻"；（2）標明文獻上常用的異體字，如"疉，讀若沓"；（3）標明通行的假借字，如"敝，讀若杜"；（4）標明互相通用的同源字，如"雀，讀若爵"……"肍，讀若舊"即屬於第三類，"肍"本義是熟肉醬，引申而有"陳舊"之義，但這個意義在文獻上寫"舊"，不寫"肍"，"舊"雖是假借字，但却通行。這些形、音、義的説解，正是對閱讀古代文獻極有價值的材料。

運用《説文》閱讀古代文獻時，不要只看本字下的説解，還應注意散見在書中的有關材料。要綜合使用《説文》，才能更好地發揮這部字典的作用。

對每字的意義，不但要看本字下的訓釋，還要看其他地方的有關材料。例如《七下·宀部》："實，富也。"光看這個訓釋，還不易理解"實"的確切詞義。我們再看别的有關"實"的訓釋材料，《六上·木部》："果，木實也。"《七下·宀部》："室，實也。"段注："《釋名》曰：室，實也，人物實滿其中也。"《十下·心部》："寔，實也。""寔"在文獻中多作"塞"，段注："《詩》秉心塞淵、王猷允塞皆同。鄭箋云：塞，充實也。"可見"實"的本義爲"充滿"。故《小爾雅·廣詁》云："實，滿也。"《素問·調經論》："有者爲實，故凡中質充滿皆曰實。"

對每字的字形，也要廣爲搜集書中的有關材料。例如，《九下·广部》"庌"下説："一曰屋梠也，秦謂之桷，齊謂之庌。"而《六上·木部》"楣"下又説："齊謂之檐，楚謂之梠。"綜合起來，可以看出“檐”曾有另一個更簡單的形體作“产”。

讀音更是如此,只有將有關材料集中起來,才能更準確地明音明字。例如,“麓”的重文作“禁”,“漉”的重文作“淥”,“簏”的重文作“箓”。這六個字都是形聲字,可見“鹿”與“录”常常同時作一對異體字的聲母,它們的聲音必相同,而且還可證明這兩個字常常用作同音假借字。

訓義更需要廣泛搜集。例如《十四下·巳部》:“巳,巳也,四月陽气已出陰气已藏。萬物見,成文章。故巳爲蛇,象形。”“象子未成形也。”又如《一下·屮部》:“坴,菌坴,地蕈。叢生田中。”而《五下·夂部》“夌”下云:“坴,高也。”前例可證“子”、“巳”通用,後例可説明《莊子·馬蹄篇》“翹足而陸”的意義(案:陸從坴聲)。

在運用《説文》之前如果能將這些散見的形、音、義材料都集中起來,抄在本字的書頭上,可以在解決古代文獻閱讀中的問題時,收到事半功倍的效果。

《説文解字》對我們今天閱讀古代文獻,有什麼實際作用呢?大體可分三方面談:

首先,《説文》保存了很多對瞭解古代生活、古代語義非常有價值的材料,可以爲解決古書的疑難問題提供資料。例如,1973年馬王堆出土的帛書竹簡,其中有一部《醫經方》,《醫經方》中的《十一脉灸經》第二種(甲本)記載:“肩以(似)脱,臑以(似)析。是肩脉主治。”“臑”當什麼講?新《辭海》(修訂本)根據胡培翬的《儀禮正義》解釋作“牲畜的前肢”。這是一種未從根本上訓釋詞義的注解,不能解決《醫經方》的這一問題。而《説文》的解釋很清楚:“臑,臂羊矢也。”意思是説,“臑”是中醫經絡學的一處穴位,在肩下觸之有羊矢筋胳之處。因爲這個穴位在肩臂處,所以引申爲臂,又由人臂的意義擴大指稱牲畜的前肢。《十一脉灸經》正是用的"臑"的近引申義,即人臂。

第二,瞭解詞的引申脉絡,掌握詞義特點,辨析古今詞義的殊異。

詞義是處在發展變化中的。多義詞的各義項彼此有關聯,形成一個系統的義列。這個義列的出發點是詞的本義,也就是與字形一致的那個意義。本義顯示了詞義的特點,並且決定了引申的脉絡。而《説文解字》正是貫徹形義統一的原則,從形體出發來解釋本義的。所以,運用《説文解字》,不但可以準確掌握詞義的特點,從而瞭解詞義引申的脉絡,以便對古代文獻作出恰如其分的解釋,還可以避免用現代漢語的詞義去附會古代漢語,以致弄錯原意或鬧出笑話。有些現代人寫的古體詩或源於古代文獻的成語,在用詞時也常常用的是古義,也需要用《説文解字》這樣的古代字典來解決詞義問題。例如前面所説的"加"字,《説文》訓"語相增加",又以"加"訓"誣",便可以看出它的本義不是一般的"增加",而是用不實的言詞强加於人。這樣,我們便可更加準確地瞭解"欲加之罪,何患無詞"這個成語的含意,也可以瞭解中學語文課本中《曹劌論戰》一文"犧牲玉帛,弗敢加也"的"加"爲什麼當"以少虛報多"講了。又如,魯迅先生所説的"横眉冷對千夫指"的"横"字,如果用今義去解釋,就很難講通。眉毛本是横的,"横眉"如何與"冷對"相聯呢?查《説文》便可知道"横"是"闌木"(見《六上·木部》),也就是欄門的木頭。引申爲凡以木遮欄都叫"横"。《二上·口部》"告"下説:"牛觸人,角著横木,所以告人也。"在牛角上捆綁横木,是爲了阻止牛以角觸人。"橫"由此引申出兩方面的意義來：一是"縱橫"義，一是"阻擋"義。韋應物詩"野渡無人舟自橫"，正是説船身自由漂泊，處於阻擋水流的方位。"阻擋"也就是不順、不聽從，"橫眉冷對"的"橫"用的正是此義，是形容眉目的神情的：儘管面對千夫所指，眉目却顯出不屈從的堅韌態度，給以冷遇。這才是這句詩的原意。後人因不理解"橫"的詞義引申脉絡，便把"橫眉屬目"的"橫"附會爲"縱橫"義，又改爲"橫眉立目"，未免不得要領。

第三，掌握古代文獻用字的規律，以排除文字障礙。

閱讀古代文獻，最難的是掌握詞義，而掌握詞義的障礙又往往在文字上。文字是記録語言的，古漢語大多是單音詞，一個字就是一個詞，所以讀書時人們往往按字來理解詞。但是在古代文獻裏，字和詞的對當關係並不那樣整齊，有同一個詞却寫不同的字的，也有不是一個詞却寫同一個字的，還有爲這個詞造的字偏去記録跟他無關的詞的。這是因爲漢字是表意文字，每個詞都造一個字太煩瑣了，就出現一種造字的假借現象，明明該造一個字，却不造了，用一個同音的字代替。這樣，一個字形就記録好幾個詞。而寫字的人也不是那麽拘泥於造字人的意圖，於是就常常有拿同音之字互相借用或互相通用的現象。這樣一來，讀古籍的人按字面意思去瞭解詞義就常會發生錯誤。《説文解字》一方面嚴格按形義統一的原則來講本字、本義，一方面又用各種方式指出古代文獻用字的規律，這就給了我們一把排除文字障礙的鑰匙。

例如，《史記·魯仲連鄒陽列傳》："世以鮑焦爲無從頌而死者，皆非也。""從頌"不好理解。查《説文》："頌，皃也。"重文作"額"。而《七下·宀部》："容，盛也。"重文作"㝐"。可見"容"與

“頌”同音(“容”又從“公”聲,“頌”又從“容”聲)。“容”訓盛,義爲“容納”、“包容”,本來没有“容皃”的意思,而“頌”訓“皃”,“容皃”的“容”正是“頌”的借用字。可見“從頌”就是“從容”。“從容”的意思就好理解了。又如,今天有“衣冠楚楚”的成語,而《説文・六上・林部》:“楚,叢木,一名荆也。”與“衣冠”連用,義不可解。而《七下・黹部》:“髗,合五采鮮色。从黹,虘聲。《詩》曰:‘衣裳髗髗。’”“髗”與“楚”古代剛好同音,可見今天的“衣冠楚楚”來自《詩經》,“楚”是“髗”的借用字,“楚楚”就是衣飾色彩鮮亮。

所以,儘管有了許多現代編寫的字典辭書,還有新編的《辭源》、《辭海》,在閲讀古代文獻時,有時還少不了運用《説文》。《説文》應當是從事語文工作和經常閲讀古代文獻的人們所必備的一部工具書。

《説文》"讀若"的訓詁意義

一、《説文》"讀若"的舊説和對其重新
探討的必要性

"讀若"是《説文解字》中很重要的一個條例。歷代研究《説文》的人都很注意它。特別是在聲音問題引起訓詁家關注之後，作爲《説文》中標識音讀的重要手段"讀若"，便成爲許學的不可不探究的論題。

系統研究《説文》"讀若"是從清代開始的，意見約分兩派：

第一派以段玉裁爲代表。他在《説文解字注·一上·示部》"虋"字下説：

> 凡言"讀若"者，皆擬其音也。凡傳注言"讀爲"者，皆易其字也。注經必兼兹二者，故有"讀爲"、有"讀若"，"讀爲"亦言"讀曰"，"讀若"亦言"讀如"。字書但言其本字本音，故有"讀若"，無"讀爲"也。"讀爲"、"讀若"之分，唐人作正義已不能知，"爲"與"若"兩字，注中時有訛亂。

段玉裁的觀點很明顯，認爲《説文》中的"讀若"是一種普通的直音方法，因爲《説文》是字書，它只説明本字本音就够了，不需要像傳注一樣針對具體文句來易字，所以，段玉裁在注《説文》時，遇到"讀若"皆不深究，但明其音同而已。

　　第二派人比較多,錢大昕、王筠、洪頤煊、張行孚,都不大同意段玉裁的説法。錢大昕説:

　　　　《説文》云"讀若"者,皆經典通用用字。[1]

王筠和洪頤煊則以爲《説文》的讀若有明音的,也有明義、明字的。總括這些説法的是張行孚。他在《説文發疑》中寫了兩篇《説文讀若例》,對《説文》的"讀若"作了具體而較爲全面的探討。他説:

　　　　《説文》"讀若"實可爲經典假借之例,與經典"讀若"僅擬其音者不同。錢氏大昕所謂許氏所云"讀若"、所云"讀與……同"皆古書假借之例,不特寓其音,即可通其字,音同而義亦隨之,王氏筠所謂《説文》讀若有專明其音者,有兼明假借者是也。蓋古人小學之書,雖爲文字而作,實以證明經典,故於經典之用假借字者,每於本字下申明之。《説文》之"某讀若某",《玉篇》之"某今作某",皆此例也。

張行孚分析了《説文》中大量的"讀若",得出的結論基本上是正確的。他對許慎這樣作"讀若"的原因,解釋爲"實以證明經典",也是很有説服力的。張行孚在具體分析"讀若"時,列出很多不同的詞彙現象,分析較爲細緻,但在概括"讀若"字與被"讀若"字的關係時,却統統歸之爲假借,概念上顯得太籠統,這實在是張行孚的時代,訓詁太缺乏準確術語的緣故。今天,文字、訓詁已發展到一個新的高度,重新來分析《説文》的"讀若",不僅對運用《説文》來讀古籍有實用價值,而且對探討字書所輯文字與典籍

————————

[1]　見《十駕齋養新録》卷四。

所用文字之間的關係，也有理論的價值。

二、對許慎作"讀若"的意圖的推測

　　許慎在《説文》中采用"讀若"這一體例，究竟是什麽意圖？這是我們研究《説文》"讀若"首先要解決的問題。

　　依段玉裁的説法，許慎的意圖很單純，就是爲了説明聲音。這個説法不是完全没有道理。可資證明的是，《説文》爲之作"讀若"的字，大都是聲音不易確定的生僻的字，而"讀若"則多半是聲音易知的常用字。這裏把《説文》第六卷的被"讀若"字抄録一下①，便可看得很清楚：

部	被讀若字	讀若字	被讀若字	讀若字
木部	1. 楸	髦	2. 楢	糗
	3. 榆	(易卦)屯	4. 楷	芟(刈)
	5. 楈	皓	6. 椆	丩
	7. 梂	(三年)導(服)	8. 柔	杼
	9. 椵	賈	10. 扐	仍
	11. 樗	華	12. 橎	樊
	13. 榙	嚃	14. 栞	刊
	15. 槷	薄	16. 模	嫫(母)
	17. 槶	枇(杷)	18. 楠	滴
	19. 杝	他	20. 楎	渾
	21. 楷	(驪)駕	22. 欄	柩
	23. 楥	(指)撝	24. 柊	鴻
	25. 极	急	26. 樔	藪

---

① 依大徐本。

部	被讀若字	讀若字	被讀若字	讀若字
	27. 檛	過	28. 柮	貀(無前足)
林部	29. 森	(曾)參		
之部	30. 㞷	皇		
朩部	31. 朩	輩		
生部	32. 甤	綏		
禾部	33. 稽	皓		
束部	34. 𣏟	藺		
囗部	35. 圓	員	36. 圛	驛
	37. 囟	聶	38. 囮	譌
員部	39. 䪻	(宋皇)鄖		
貝部	40. 賜	貴	41. 貶	所
	42. 賣	育		
邑部	43. 𨛫	薊	44. 鄘	陪
	45. 郣	寧	46. 邘	區
	47. 郇	泓	48. 鄦	許
	49. 郎	奚	50. 鄤	蔓
	51. 鄨	驚(雉)	52. 鄺	讒
	53. 郪	(規)榘	54. 郐	塗
	55. 鄯	淫		

《説文》第六卷共收字(不包括重文)753 個,許慎只作了 55 條"讀若",約占全部字條的 7%,所用的讀若字絶大部分是常用字,個别較難見的字如"貀"、"驚"等,都在具體的語言環境中出現,可根據上下文明其音。從"讀若"字的選用上,許慎作"讀若"有明音的意圖是很清楚的。

漢字不是拼音文字,只有形聲字有標音的聲符,因此,最需要直音的應當是象形、指事和會意字。但恰恰相反,許慎給形聲字作"讀若"占大多數,而且許多是用同聲符的其他形聲字當"讀若"字。這説明,同聲符的形聲字讀音不同的現象比較普遍,不少難字仍需標明讀音。何況,形聲字音變的現象已屢屢産生。如:

> "䢍"從"季"聲("先"韻),讀若寧("青"韻)。
> "㧖"從"爰"聲("寒"韻),讀若指撝("歌"韻)。
> "楷"從"省"聲("青"韻),讀若驪駕("歌"韻)。
> "倗"從"朋"聲("登"韻),讀若陪("咍"韻)。

許慎給這些已經發生了音變而與其聲符讀音不同的字作"讀若",當然是非常必要的。

但是,我們同時又可以看到,許慎作"讀若"的意圖並不是那麼簡單。正如錢大昕所説,儘管他從字書的角度上只需把本字本音注出就行了,但他明明認爲文字是"經藝之本,王政之始;前人所以垂後,後人所以識古"的。他作字書,"六藝群書之詁,皆訓其意",目的是爲解經傳經的。所以在注音時,他不可能不考慮到經傳用字的實際情況。這一點,可以從多方面證明:

首先,許慎在選擇爲哪些字作"讀若"時,並非只從是否難識出發,有些更難識的字,他反而不作"讀若",還以第六卷爲例,《木部》的"柆"、"枰"、"枑",《貝部》的"賫"、"賈"、"賓",邑部的"郞"、"鄡"、"鄝"等,字皆難識,但許慎不作"讀若"。這只能有一種解釋,就是他只選擇對理解經傳用處較多的字才注音。

其次,如果只爲明音,以下這些字大可不必作"讀若":

> 圓,從口員聲,讀若員。(《六下·口部》)
> 鄤,從邑蔓聲,讀若蔓。(《六下·邑部》)

> 鼆,从冥黽聲,讀若黽。(《七上·冥部》)
>
> 牏,从片俞聲,讀若俞。(《七上·片部》)
>
> 襡,从衣蜀聲,讀若蜀。(《八上·衣部》)
>
> 頱,从頁翩省聲,讀若翩。(《九上·頁部》)

形聲字"讀若"它所得聲的聲符,也就是説,這個字與它的聲符完全同音,如果僅以明音爲目的來作"讀若",這種情況不是多餘嗎?

第三,許慎的"讀若"是有針對性的,我們可以從他所取的一些特殊材料來看,例如,《十二下·戈部》:"戩,絕也。……古文讀若咸……"明言"古文讀若",指的是古文《尚書·君奭篇》"咸劉厥敵",這個"咸"是"戩"的借字。如果没有這樣具體的針對性,而只是一般明音,"古文"二字也就没有什麽必要了。

綜上所述,從《説文》"讀若"的實際情況看,許慎作"讀若"主要是爲明音。但在選擇讀若字時,他盡可能考慮到經傳用字的情況,想用注音來爲人們閱讀理解經典指明綫索。這種與經傳用字有關的"讀若",雖不是全部,但也不是一兩條偶然的現象,許慎是有意圖在先的。

三、從訓詁的角度分析《説文》"讀若"

《説文》的"讀若"相當一部分是與經典用字有關的,歸納錢、王、洪、張諸家的具體分析,加上近人新的發掘,統計下來,這類"讀若"大約占72%左右。張行孚説這類"讀若"是"明假借"的。傳統訓詁學裏,"假借"這個名稱是個沿用最廣的名稱,也是個含義最不清楚因而最不科學的名稱,用它來解釋《説文》的"讀若"

很不確切。錢大昕說這些"讀若"是經典通用之字,雖未用術語,却比"明假借"之說更切合實際。"通用之字"包括的情況很多,給人留下了分析的餘地。

從訓詁的角度,分析《說文》這一部分"讀若",也就是分析"讀若"字與被"讀若"字之間的意義關係,可見以下四種情況:

(一)用異體字作"讀若"

異體字也是一個有時代性的概念。在《說文》的時代,"常"與"裳"、"鳳"與"朋"……都是異體字,到了隸書、楷書時代,它們却變成記録不同詞的兩個字了。自從王筠在《說文釋例》中首創了"異部重文"之例後,許學家們逐漸從《說文》中發掘出未列爲重文的異體字。這些字是異體字却不列爲重文,無非有兩個原因:一是在許慎時代,它們在意義上或運用上還有差別,未便稱爲異體字;二是許慎堅持形、義統一的原則,把許多本可稱爲異體字的廣義分形字分部擱置了。這些字有經典通行與不通行之分。《說文》常以經典通行的字爲不通行的異體字作"讀若"。如:

《八下·欠部》:"歒,欲得也。从欠,㐭聲,讀若貪。"《廣雅·釋詁》:"歒,欲也。"又:"歒,貪也。""歒"從"欠"與"欲"從"欠"同意,實際上是"貪"的異體字。但經典在"貪欲"意義上用"貪",不用"歒"。故許慎用"貪"作"歒"的"讀若"。

《五下·亼部》:"亼,三合也,从八一,象三合之形,讀若集。""集"訓"群鳥在木上",以鳥之聚集狀表集合之義。經典中"聚集"之義都用"集"字。中國文字常以三表示多數。"亼"以最簡單的三劃表示聚集。"三"與"亼"之義通。"亼"是"集"的最原始的寫法。但這個字形只用來作構件以構成其他字,而不在文

獻中使用。從"亼"的字如"合"訓"合口"、"僉"訓"皆"、"侖"訓
"思"(實際上是集簡册表示思想)……都證明了"亼"即是"集"
的異體字。

《三上・言部》:"譶,疾言也。从三言,讀若沓。""沓"訓"語
多沓沓也"。徐鉉説:"語多沓沓若水之流,故从水會意。""譶"
以"三言"表示語多而急。兩個字是從不同的角度造的異體字。
但"沓"在經典中通行,如《詩・十月之交》:"噂沓背憎。"《孟
子》:"泄泄猶沓沓。"都寫"沓",不寫"譶"。"沓"字常用,引申義
頗多。而"譶"只在堆砌字詞的漢賦裏能見到。如《琴賦》:"紛
繷譶以流漫。"注:"繷譶,聲多也。"《吳都賦》:"繷譶梟鷲,交貿
相競。"注引《倉頡篇》:"譶,言不止也。"所以,許慎用"沓"爲
"譶"作"讀若"。

《一下・艸部》:"夢,灌渝,从艸夢聲,讀若萌。""萌"訓"艸
芽"。"灌渝"也就是《爾雅》的"權輿",它的基本意義是"彎曲"。
《弓部》:"彊,弓曲也。""彊,弓弩崇弦所居也。""彊彊"正是弓曲
之處,與"灌渝"同。草芽破土而出,呈彎曲狀,所以"夢"也就是
草芽,與"萌"爲異體字。而經典用"萌"不用"夢",故許慎以
"萌"作"夢"的讀若字。

(二)用同源字作"讀若"

同源字是爲同一詞根派生出來的詞造的字。它們之間音同
或音近,所以符合選擇"讀若"字的基本條件,又因爲它們之間的
音義相通,所以常常可以通用。有些訓詁學家把同源通用字也
算到"假借"裏,張行孚所説的"明假借"就明顯地包括這一類。
王氏父子論"假借"可以説大部分是同源通用字,這是不恰當的。
同源字通用,不只是文字的使用問題,還直接關係到詞的意義分

化,它不完全是文字使用中的偶然現象。同音借用與同源通用是兩種本質不同的現象,不應混爲一談。《説文》同源字作"讀若"的很多。如:

《七上·毌部》:"毌,穿物持之也,从一横貫,象寶貨之形,讀若冠。""毌"的本義是把東西穿在一起,與"串"同意。"貫"是它的後出字,貝爲貨幣,"貫"指穿貝。然後"貫穿"之義都寫"貫"。"毌"即"貫"的古字。"冠",《説文》訓"縶",説"所以縶髮",又説"弁冕的總名"。《白虎通》:"冠者,棬也,所以棬持其髮也。"《釋名》説得更清楚:"冠,貫也,所以貫韜髮也。"古人頭髮縮起後,戴上冠,用笄横穿髮上,下面束上縶帶。所以"冠"取貫穿之義而得名。"冠"與"毌"同源。

《六上·木部》:"楠,户楠也。从木商聲。《爾雅》曰:'檐謂之楠。'讀若滴。""楠"是屋檐,在屋前後。屋檐有很多名稱,"梠"、"梶"、"楊"、"檐"、"楣"都是屋檐,各以不同特點命名。"楠"也是屋檐,取其雨雪落下時滴水而命名。所以,《説文》以"滴"作它的"讀若"。

《八上·衣部》:"袢,無色也。从衣半聲。一曰,《詩》曰:'是紲袢也。'讀若普。""袢"是夏天貼身穿的汗衣,薄得透明,所以訓"無色"。"普"訓"日無色",即陽光普照之"普",故引申有"遍及"、"到處"之義。所以,"袢"因"普"而派生。許慎作此"讀若"以明其源。段玉裁在"普,日無色也"下注説:"此義古籍少用,《衣部》'袢'下曰:'無色也,讀若普。'兩'無色'同讀,是則普之本義實訓'日無色'。"在這裏,主張"讀若"僅爲明音的段玉裁,也利用"讀若"來證義了。

《四下·奻部》:"亂,治也。幺子相亂,奻,治之也。讀若亂同,一曰理也。"《乙部》:"亂,治也,从乙。乙,治之也。"這兩個字是同一個詞的分化。許解爲"幺子相亂",段玉裁説:"幺子當作 ,亂當作爭,謂冂也。冂音扃,介也。彼此分介則爭。"這些都是附會之詞。"冂"的字形,象兩手理絲,絲是亂的,理後方治,故有"紊亂"和"治理"兩個相反的意義。"屬"和"亂"爲同源分化。"屬"主要承擔"治理"義,"亂"主要承擔"紊亂"義。但這兩個字始終沒有完成分化,反義分工未能實現。經典多用"亂",不用"屬",故許慎用"亂"爲"屬"作"讀若"。

（三）用聲借字作"讀若"

漢字形義統一的原則,要求盡量向"分理別異"發展,義衍則形滋,早期漢字形體的發展是很快的。形體增多對考字是方便了,對用字則是一種負擔。所以寫字時便自然而然地出現了聲借的現象。書面語言的表達常是很急迫的,人們不暇考慮哪個字是本字,只要音同便順手寫上,這就是聲借。聲借是一種同音替代現象,本來是沒有什麼規律的。但是,到了文獻大量產生的先秦時代,文字經過長期運用,已經形成了某些習慣,已有某些假借字通行,通行就是被讀者寫者都承認下來。許慎遵循形義統一的原則,當然要講本字,但他寫《說文》是爲了解經,不能不顧及經典用字的現實。於是他便選了大量的已通行的聲借字來注音,向讀者指示閱讀的途徑。例如:

《四下·肉部》:"肍,孰肉醬也。从肉九聲。讀若舊。""舊"在《萑部》訓"雗舊",是一種鳥,"陳舊"的"舊"是"肍"的熟肉醬意義引申來的,而"陳舊"義已通行用"舊"字。

《六下·口部》:"圛,回行也,從口睪聲。《尚書》:'曰圛。'圛,升雲半有半無。讀若驛。""驛"在《馬部》,訓"置騎",也就是古代傳書的驛站。而《尚書》"曰蒙曰驛"寫"驛"。《尚書》疏說："圛即驛也。"正是聲借。王鳴盛認爲《尚書·洪範》是孔安國的僞書,而篇中的"曰圛"作"曰驛",他疑心是孔安國據《説文》改的。張行孚駁斥他説："愚謂當時必有作驛之本,故僞孔依之。否則許君無緣預知後人改經,而作此讀若也。"他的看法是有發展眼光的。

《八上·衣部》:"褚,衣躬縫,从衣毒聲。讀若督。""督"在《目部》訓"察也。一曰目痛也"。而《莊子·養生主》:"緣督以爲經。"《經典釋文》:"督,中也。"這個"督"是督脉,也就是醫之圖經所説的"任脉循背者謂之督"。《方言》郭注也説:"衣督,脊也。"可見督脉是緣脊而下的脉,正是衣躬縫的方位。"督脉"、"衣督"的"督"本字應是"褚",而經典寫"督",爲聲借字。

《九上·頁部》:"䪝,小頭䪝䪝也,从頁枝聲。讀若規。""規"在《夫部》訓"有法度",而《莊子·庚桑楚》:"規規然若喪父母。"陸德明《釋文》:"規規,細小貌。"《荀子·非十二子》:"規規然。"楊倞注:"規規,小見之貌。"這些"規"的本字都應是"䪝","規"爲聲借字,但"䪝"不通行,"規"通行。

(四)用後出字作"讀若"

"後出字"是許學家的術語,他們篤信《説文》爲正統,把不見《説文》而意義在《説文》中能找到的字都稱"後出字"。其實這些字僅是當時的正式文獻不用而已,有些未必後出。但是,許慎《説文》正篆中不出,却用來作"讀若"字的,一般可認爲是漢代隸書中才有而篆字未見的字。許慎用這種字作"讀若"是爲了以當時通前代。例如:

《十二上·手部》:"挃,擣頭也。从手堅聲。讀若'鏗爾舍瑟而作’。”《説文》不收“鏗”字。《論語》：“鏗爾，舍瑟而作。”《集解》説：“鏗爾者，投瑟之聲也。”《楚辭》：“鏗鐘。”王逸注：“鏗，撞也。”《文選·東京賦》：“鏗華鐘。”薛注：“鏗猶擊也。”這些地方的“鏗”若從《説文》的角度，正字應是“摼”。許慎用“鏗”作“讀若”不止這一次。《十四上·車部》：“轃，車轃鉥也。从車真聲，讀若《論語》‘鏗爾，舍瑟而作’，又讀若掔。”這裏闡明的是假借。又“𣪏”字訓“堅”讀若“鏗鏘”之“鏗”。可見漢代“鏗”又可以作象聲之詞。“轃”正是“鏗”作象聲之詞的本字。

《三下·攴部》：“敳，有所治也，讀若狠。”小徐本作“讀若墾”，“墾”是“狠”的俗體字。“狠”、“墾”均不見《説文》。《廣雅》：“狠，治也。”今本《廣雅》又作“墾”。《國語》：“狠田若蓺。”今本《國語》又作“墾”。“開墾”、“墾荒”是“敳”的引申義。“狠”、“墾”字均後出。

《四上·羽部》：“翇，樂舞。執全羽以祀社稷也。从羽友聲，讀若綍。”張行孚以爲“綍”爲“帗”之訛。其實不必改動。“綍”字不見《説文》，爲後出字。《周禮·春官·樂師》：“有帗舞。”鄭司農注：“帗舞者全羽。”正字應作“翇”，通行“帗”，“綍”是“翇”的後出字。

《十四上·金部》：“鋞，金聲也。从金輕聲。讀若《春秋傳》‘鋞而乘它車’。”《左傳·昭公二十六年》：“苑子刜林雍，斷其足，鋞而乘於他車以歸。”杜注：“鋞，一足行。”“鋞”字不見《説文》。段玉裁以爲“鋞”是“脛”的後出字。他説：“鋞蓋即脛字，亦或作踁。林雍既斷足，乃以脛築地而行，故謂之脛。”朱駿聲同段説。也有人認爲是“趣”的後出字。“趣”訓“行貌”，與杜預“一足行”之説相符。

　　所謂後出字本可分爲兩種情況。一種是後出的異體字，如"帗"與"紱"、"趣"與"蹙"等。也有一種是後出的孳乳字，如"敫"與"狠"、"墾"，"摼"與"鏗"等。用後出字作"讀若"，"摼"讀若"鏗"、"敫"讀若"狠（墾）"屬此例。另一種是用通行的借字的後出字作"讀若"，"裰"讀若"紱"、"鼜"讀若"蹙"屬此例。

　　綜上所述，異體字、同源字、聲借字、後出字，有一個共同特點，就是他們都與本字有音同或音近的關係，所以首先具備直音的條件。同時，它們與本字之間的意義關係又互有差別，異體字是義全同，同源字是義相通，聲借字是義相異，後出字是全同或相通。所以，用聲借字作"讀若"僅表明用字，而用另外三種字作"讀若"則既明字、又明義。

四、運用"讀若"提供的聲音關係通訓詁

　　《說文》的"讀若"不僅給我們指明了許多古代文獻用字的實際情況，而且在讀音上給我們很大啟示，直接爲運用因聲求義的訓詁方法提供了資料。

　　有些"讀若"不能直接說明經典用字，但從聲音上可以證明某種文字關係。例如：

　　《六下·貝部》："賑，齎財卜問爲賑。从貝疋聲，讀若所。"意義上，"賑"與"所"不相通，用字上"賑"與"所"不互借。但這個"讀若"表明，"所"與"賑"的聲符"疋"同音。

　　《二下·齒部》："齭，齒傷酢也。从齒所聲，讀若楚。"這個"讀若"除表明"痛楚"、"酸楚"的"楚"，正字應是"齭"外，還表明"齭"的聲符"所"與"楚"的聲符"疋"同音。

"所"與"疋"同音啟發我們"所"有"處所"義,是"疋"的借字。"疋"當"足"講。《管子·弟子職》:"問疋何止?""疋"即"足"。足是身體位置固定的地方,義與"止"通。"止"有"立定"、"停止"的意義,又有"地點"、"所在"的意義。所以孳乳出"址"字,當"地點"講。《漢書·五行志》:"足者,止也。""足"義通"止"。作"足"講的"疋"也有"處所"義。而《説文》六卷及二卷的這兩個"讀若"又指示我們,"所"借用爲"疋"也有"處所"、"地方"之義。

除此之外,《説文》對聲音問題有價值的資料,是那些轉音的"讀若"。錢大昕在《十駕齋養新録》卷四中論及"《説文》讀若之字或取轉聲"時,舉了二十個例子説明《説文》的"讀若"有些並不專明本音,還表示音變後的字音。這些材料對訓詁學的因聲求義,也有直接或間接的提示作用。例如:

《三上·言部》:"誃,誃擾也。一曰誃獪,从言少聲,讀若毚。""誃"從"少"聲,應在"豪"韻,而"毚"在"添"韻,韻部相距甚遠,是一種音變的現象。這種依轉音作出的"讀若"看來似乎不合規律,但在訓詁上可以給我們很大的啟示。

"誃"當"擾"講,引申爲輕率急躁之義。《漢書·叙傳》:"江都誃輕。"蘇林:"誃,音少年輕薄毀誃息熹之誃。"《吳都賦》:"輕誃之客。"義爲輕薄急躁之人。《後漢書·馬融傳》注:"誃,輕捷也。""誃"的別體作"譟",《論語·季氏》:"言未及之而言謂之躁"。"躁"與"譟"同源,"譟"也有"輕浮"義。而《國語》:"戎狄冒没輕儳。""輕儳"就是"誃輕"、"輕誃"。《禮記·曲禮》:"長者不及無儳言。""儳言"即是《論語》的"譟言"。

《三上·谷部》:"㕢,古文㕢,讀若三年導服之導。"《六上·

木部》："栜，遬其也。从木炎聲。讀若三年導服之導。"《七下·穴部》："突，深也，一曰竈突，从穴火，求省。讀若《禮》三年導服之導。"（從段本）"丙"、"栜"，在"添"韻，"突"在"覃"韻，而"導"在"蕭"韻。"蕭"、"豪"韻近，與"覃"、"合"、"添"、"帖"的關係又一次可以證明之。段玉裁在《一上·示部》"禫，除祭服也"一條下引《士虞禮》注："古文禫或爲導。"又引《喪大記》注："禫或皆作道。"進一步證明了"覃"韻與"蕭"韻的關係。根據這種聲音聯繫，可以知道《二上·口部》"嘽，含深也"的"嘽"字，即是"味道"的"道"的本字。同樣原因，又可以知道《史記·秦始皇本紀》"身自持築臿"，張守節《正義》"臿，鍫也"，《方言五》"臿謂之疀"，都有聲音的聯繫。"銚"、"鏊"作插地起土之用。《釋名·釋用器》："臿，插也，插地起土也。""鏊"在"蕭"韻，"銚"在"豪"韻，"臿"在"帖"韻，這三個字是同源字。而"臿"也就是今天起土用的"鍬"。

實際的語言材料證明《説文》的"讀若"是有根據的。很多聲借和同源現象，其間都要發生音變。韻部相距較遠的音變，不可籠統否定，但也不能輕易肯定，需要實際材料具體證明。"讀若"在研究訓詁音變的已然情況時，特別是在研究韻部較遠的音變結果時，本身可以起到以字明音的作用，又可以提供文獻資料的綫索，是一種很有價值的材料。

文字的貯存與使用

——《説文》之字與文獻用字的不同

《説文》所收之字,是經過許慎選擇、整理之後貯存於《説文》特定形義體系之中的漢字。因而研讀《説文》時會發現:《説文》之字與文獻用字有所不同。處於使用狀態的漢字,文獻所用的漢字,由於並非出自一人之手,這裏既有時代的差異,又有社會風尚的影響,所以其狀態是繁紛多樣的。《説文·叙》已提到"以迄五帝三王之世,改易殊體"的情況,到許慎那個時代,又存在着古文、今文、古文奇字之別,加之許慎編制《説文》有着特定的標準,他收録漢字要遵循他擬定的體系,這樣,在許慎當時,就已出現了《説文》之字與文獻用字不同的情況。而到後代,由於漢字的發展演變,人們在傳抄、引用、注釋先秦漢代的文獻,編輯、傳播新的文獻載籍時,會有改字現象發生("童"下段注:"蓋經典皆漢以後所改。"),這就進一步造成了《説文》之字與文獻用字的不同。因此,從漢字的貯存與使用的角度來研讀《説文》,就是一項不可缺少的工作。否則,把《説文》之字與文獻用字全然等同起來,有時是扞格難通,或竟而鑄成大謬。

《説文》之字與文獻用字不同的情況,似有以下幾種類型。

一、同形而又別音別義者

這種類型可以簡稱"同字異語"。就是説,雖然是同一個字

形,但在《説文》中和一些文獻中,它指代的是兩種迥别的事物,各有互不相關的音與義,因而是一個字包含兩個詞。例如:

> 《説文·草部》:"薔,薔虞,蓼。从艸,嗇聲。"(所力切)
> "蓼,辛菜,薔虞也。从艸,翏聲。"

在《説文》中,"薔虞"與"蓼"互訓,"薔虞"即是"蓼",詞義爲"辛辣之菜"。《禮記·内則》説:"膾:春用葱,秋用芥。豚:春用韭,秋用蓼。"這説明,"蓼"的作用與"葱"、"芥"、"韭"一樣,是用以和味的(和味時,蓼用其莖葉,非用其實)。

從語音和構詞法來看,"薔"爲古"帖"韻,"虞"爲古"模"韻。"帖"、"模"韻通,"薔虞"爲迭韻連綿詞①。《急就篇》十章:"葵、韭、葱、薤、蓼、蘇、薑。"注云:"'虞蓼'亦謂之'薔'。"這條注釋有誤,因"薔虞"是連綿詞,不能拆開之後重新重合爲"虞蓼"。又:

> 《説文·艸部》:"薇,菜也。似藿。从艸,微聲。菽,籒文薇省。"

"薇""似藿",表明它是一種"莖、葉皆似小豆,蔓生,其味亦如小豆"的"山菜"(見陸璣《草木疏》)。項安世曰:"薇,今之野豌豆也。"

總之,"薔"是和味的辛菜,"薇"是野生的豌豆,我們讀《説文》時,不要把"薔"與"薇"誤認爲"薔薇"。"薔薇"爲供觀賞的多刺蔓生植物。薔薇即《爾雅·釋草》之"蘠蘼"。薔薇之"薔"應爲從艸、蘠(qiáng)省聲,而《説文》之薔爲從艸、嗇(sè)聲。

---

① "帖"、"模"韻通的例子較多,如"扈",模韻,其重文爲"㞷",是帖韻之平聲字。又如"敢",是帖韻之平聲字,其篆文、古文皆從"古"聲,"古"爲模韻字。

　　一些古文獻中的"薔"與《説文》之"薔"也不相同,《管子·地員》:"其草蒐與薔。"此"薔"非《説文》之"薔虞",而是薔薇。《説文》與文獻中這類"同字異語"的現象,我們不應忽略。

　　又如:

　　　　《説文·口部》:"唇,驚也。从口、辰聲。"(側鄰切)

　　"唇",《説文》訓爲震驚之"驚",而文獻中往往用作今唇齒之"唇"。

　　"震驚"之"唇"與今用"唇齒"之"唇"義不相涉,這可以從它們各自的引申系列或同源詞中清楚地看出。"唇"訓"驚",應理解爲内心震動。《口部》之字有一部分與心理活動表現於外有關,如"悴,驚也","吁,驚也","哀,閔也","嘵,懼也"等。故"唇"從"口",它與"震"(雷震)、"跣"(跳動)、"顫"(抖動)等字都是同源字。"動"是它的詞義特點。

　　今"唇齒"之"唇",《説文》作"脣"。《肉部》:"脣,口岩也。从肉,辰聲。顧,古文脣,从頁。""脣"訓"口岩"(即"口邊"),因而引申爲"水邊、水厓",這個意義用"从水、脣聲"的"漘"來表示,見《詩·魏風·伐檀》"坎坎伐輪兮,真之河之漘兮"《釋文》:"漘,本又作脣。"可以使我們窺見"脣"的詞義特點是"邊緣"。與"唇"的特點是不相同的。

　　總之,"唇"、"脣"二者的本義及引申系列劃然有別,它們在音與義上也並不同源。由此可證"唇"與"脣"既非同字,也非同詞。

二、同形別音而有意義聯繫者

　　這種類型是指:在《説文》中某詞有兩個字形(重文),同一個讀音;而在文獻中這兩個字形代表兩個獨立的詞,其中一個字形的讀音與《說文》有別。文獻中這兩個獨立的詞存在着意義上的聯繫。

> 《説文·糸部》:"續,連也。从糸,賣聲。賡,古文續从庚、貝。"(似足切)

續、賡在《説文》中屬"重文",是同一個詞的兩個字形:《説文》已指出"賡"是"續"的古文(重文)。而在文獻中,續、賡則是兩個詞。例如,《書》:"乃賡載歌。"《爾雅義疏》解釋此句是:"言續爲歌也。"《管子·國蓄篇》:"愚者有不賡本之事。"《爾雅義疏》解釋説:"言不續本也。"

《説文》中"續"、"賡"的讀音是"似足切",而徐鉉依據孫愐《唐韻》校訂《説文》時指出:"賡,今俗作古行切。"這説明在後來的文獻上,在實際的口語和書面語交際中,"賡"産生了與《説文》不同的讀音。在《説文》中,"庚"亦讀"古行切",可以認爲,由於人們看到賡從庚,便把"賡"與"庚"的讀音人爲地聯繫與等同起來,這樣,"賡"就逐漸通用爲"庚"了。例如:

> 《詩》:"西有長庚。"傳:"庚,續也。"《楚辭·遠逝篇》:"立長庚以繼日。"《爾雅義疏》:此"亦以庚爲續也"。

"續"(賡)有了"古行切"這個讀音後,鑒於"賡"與"庚"在讀音和字形上的直接關聯,"賡"就演變而成獨立的詞。但獨立成詞的"賡"在意義上仍與"續"保持着聯繫。聯繫的紐帶則是"更"。"更"有個又音,也是"古行切",而且在意義上也與"賡"相通。段玉裁説:"更訓改,亦訓繼,不改爲繼,改之亦爲繼,故《小雅》毛傳曰:'庚,續也。'《用部》'庸'下曰:'庚,更事也。'"

季剛先師也指出：“庚、續之訓正當作更。”（《爾雅音訓》卷上）更
迭相代，有“續”之義，故文獻中“更”作“續”解的例證較多，如
《晋語》：“姓利相更。”韋昭注：“更，續也。”又《漢書·食貨志》：
“不足以更之。”《集注》：“更，續也。”《書》：“乃賡載歌。”《史
記·夏本紀》作“乃更爲歌”。

　　總之，《説文》中“續”、“賡”同字並見，“賡”爲“續”之古文。
而章太炎先生説：“竊疑賡本贖之古文，故從貝，古文用爲續耳。”
（《文始》七）此無確鑿之佐證，恐亦臆説。

　　　　《説文·仌部》：“冰，水堅也。从仌从水。凝，俗冰从
　　疑。”（魚陵切）

　　“冰”與“凝”在《説文》中亦爲“重文”，本義爲“水堅”（水凝
凍得堅硬），音“魚陵切”。而後代文獻上“冰”爲冰凍義，音“筆
陵切”；“凝”爲凝固義，音“魚陵切”。“冰”、“凝”成爲兩個獨立
的詞，與《説文》不同。

　　爲何發生這樣的變化？《説文》有個詞：“仌，凍也。”音“筆
陵切”，本義爲水初凝。“水初凝”與“水凝凍得堅硬”在含義上
雖有淺深之別，但在“凝凍”上同義，於是在文獻用字時，“水堅”
之“冰”代替了仌凍之“仌”，並襲用了“仌”的音“筆陵切”。

　　以“冰”代“仌”後，“凝”音仍爲“魚陵切”，含義也起了變化，
泛指水與他物之“凝固”，也不分“初凝”與否。

　　但後代文獻上的“冰”與“凝”仍有意義上的聯繫。凝從
“疑”聲，“疑”有疑（凝）立義。《詩·小雅·雨無正》“靡所止戾”
與《詩·大雅·桑柔》“靡所止疑”句例同，比知——正如《爾
雅·釋言》所説——“疑”訓“戾”。《釋言》又訓“休”爲“戾”，
“休”義爲“止”，則“疑”、“戾”、“止”同義。《儀禮·公食大夫

禮》:"賓立於階西,疑立。"又《士昏禮》:"婦疑立於席西。"二文注皆云:"疑立,正立也。自定之貌。""疑立"之"疑",實與"凝"同源。不論"疑立"、"凝固"、"冰凍",都含有使某物"休止、固定"之義,這就是它們的共同點。

三、同形而音、義互易者

這種類型比較特別,它是指:《説文》中兩個有關聯的字形,它們各自代表的音與義,在文獻用語中,彼此剛好掉換了位置。

> 《説文·酉部》:"醋,客酌主人也。从酉,昔聲。"(在各切)"酢,醶也。从酉,乍聲。"(倉故切)

在《説文》與多數文獻中,"醋"與"酢"的字形沒有變化,而它們各自代表的音與義却對換了。《説文》中,主賓互敬酒(即文獻中之"酬酢")叫做"醋",音今日之"酢"。而文獻中"醶醋"之"醋",《説文》則用"酢"表示,音今日之"醋"。

分析起來,"醋"與"酢"的這種對換是有原因的。"醋"本爲"敬酒","醶酢"則指"釀酒時,因米少而酸","醋"、"酢"音、義互通。故"彡"部"鬚"下云:"讀若江南謂酢母爲鬚。""酢"今之"醋"字。酒母又可稱"釀",引申之,人之母爲"娘"。酒母既稱爲"鬚",因而人之母亦可稱"嬭",段注指出:"《廣雅》:嬭,母也。音與鬚同。"而"酒母"曰"鬚"之正字作"䊆",《米部》:"䊆,潰米也。"今河北省文安縣猶呼"母"爲"䊆",音 néi。

"醋"與"酢"不僅在意義上有聯繫,而且從字形看都屬"酉"部,其所從得聲的"昔"與"乍"古音也相通,例如《齒部》"齰"的重文作"齚"。因此,二者的音、義在《説文》與文獻中便發生了對換。

　　《辛部》："童,男有辠曰奴,奴曰童,女曰妾。从辛,重省聲。"

　　《人部》："僮,未冠也。从人,童聲。"

　　《説文》"童"指有罪的奴僕,"僮"指未成年的童子。這兩條訓釋與後代正相反。

　　爲何發生這種易位現象?《周禮・秋官・司厲》："其奴,男子入于罪隸,女子入于春稾。"鄭司農云："今之爲奴婢,古之罪人也。"古之罪人受髡刑(剃髮)者則爲奴僕,此後犯罪充當奴僕者皆髡鉗以爲標誌。例如,《史記・張耳陳餘列傳》："高祖逮捕趙王貫高與客孟舒等十餘人,皆自髡鉗爲王家奴。"又《漢書・賈山傳》："山稱文帝之德曰:赦罪人,憐其無髮,賜之巾。"

　　髡首無髮,則纚笄皆無所施,故不冠。孩童出生三月,剪髮爲鬌,其時亦未冠。髡奴與孩童在外形上的特點都是無髮無冠。無髮爲禿,故名爲童,"童"、"禿"一聲之轉,"童"即"禿"意(因而牛無角爲童牛,山無草木爲童山)。"童"從"辛","辛"是"犯法"的意思,所以"童"指有罪的奴僕;"僮"從"人",與"童"互相區別,於是用來指稱未成年的童子。後人傳抄古文獻時,往往采用假借之法,使得"童"、"僮"二字不分,日久積非成是,"童"則與"僮"互易。

　　《士部》："士,事也。"
　　《人部》："仕,學也。从人从士。"

　　《説文》"士"之義爲"事"。而關於"事"的含義,《説文》有多處申説。《史部》："史,記事者也。"《又部》："尹,治也。从又丿,握事者也。"《司部》:"司,臣司事於外者。"而《釋名》:"寺,嗣也,治事者相嗣續於其內。"《說文·寸部》則說:"寺,廷也,有法度者也。"《竹部》"等"下:"寺,官曹之等平也。"《𠂤部》:"官,史事君也。"又《史部》:"事,職也。"可見,"事"為官曹治理之事。記事者、握事者、司事者均是官員。《說文》"士,事也","士"即做官。古代的法官,就稱為"士"或"士師",邑宰也稱"士"。

而在後代文獻中,"士"多指學子或文士。

《說文》"仕"訓"學",而在文獻中"仕"為"做官"。《論語·公冶長》:"令尹子文三仕為令尹。"又:"子使漆雕開仕。"注:"仕,仕於朝也。"段玉裁說:"以仕、學分出處,起於此時矣。許說其故訓。"("仕"下注)

"士"、"仕"的含義在《說文》與文獻中之所以易位,是因為古代曾有"宦學事師"之制。《左傳·宣公二年》:"宦三年矣,未知母之存否?"注:"宦,學也。"疏:"《曲禮》云'宦學事師',則二者俱是學也;但宦者學仕宦,學者尋經藝,以此為異耳。"(見《十三經注疏》1867頁)又《說文》:"仕,學也。"學仕宦,是學於吏,即"以吏為師",學成,起而行之,便是做官。這樣,"仕"的意義就由"學"轉為"做官",代替了"士"義,"士"則代替"仕"義而指"學"。

以上簡述了《說文》之字與文獻用字不同的三種類型。此外,還有些字,它們在古文獻中常用的意義,與《說文》之字的本義或者符合,或者不符合。這種情形,同樣值得注意。

例如,《孟子·梁惠王上》:"願比死者一洒之。""洒"在《說文》中載有二義,一是本義"滌也",二是假借義"古文以為灑埽字",這個借義成為"洒"的今義。"洒"音"先禮切",即今音

“洗”，而“灑”音“山豉切”，即今音“洒”。《孟子正義》：“一洒之”，“謂洗雪其耻也。”可知“一洒之”之“洒”，用的是本義“滌也”，非借義“灑埽”。這裏文獻用字與《説文》之字的本義相合，而與借義不合者。

又如，《韓非子·喻老》：“句踐入宦於吴，身執干戈爲吴王洗馬。”“洗”《説文》云：“洒足也。”音“穌典切”，即今音 xiǎn。“洗馬”之“洗”，非“洒足”義。“洗馬”應爲“前馬”。《國語·越語上》：“其（句踐）身親爲夫差前馬。”注：“前馬，前驅，在馬前也。”“洗馬”即今之儀仗隊。可見，這裏“洗”是“前”的借字，與《説文》之“洗”同字而不同詞。

又如，《説文》云：“柤，木閑。从木，且聲。”音“側加切”，今音 zhā。在文獻中，“柤”常用作“查察”（即“查考”）之義。“查察”之“查”，形、音、義皆與《説文》“柤”不合。就字形而言，其演變過程是：“柤”隸變而成“查”，後訛成“查”。就字義而言，“查察”之“查”，應是借用“讄”的意義，則“查”是“讄”之借字。《説文·言部》：“讄，讄録也。从言。盧聲。”“讄”是“查找”，“録”讀爲“録囚”之“録”，“録”爲“捆綁”義。“讄録”好像今天的辦案，查找罪犯，找着即抓起來。就字音而言，今姓氏“查”仍保留“柤”的古音“側加切”，而用作“查察”義時，也是借用“讄”音“側加切”，這説明“查察”義的古音也是 zhā，“查讄”到後代和今天寫作“查察”，是把“讄”與“察”的音、義混用了。按《説文·宀部》，“察”音“初八切”，義爲“覆也”，即“詳審”、“明明、斤斤，察也”之義；而“讄”音“側加切”，義爲“查找”。二者的區别，是應該分清的。

綜上所述，可以看到，認識與區别《説文》之字與文獻用字不同的類型與情況,不只是一個辨析字形的問題,還牽涉到處理音與義的關係問題,牽涉到恰當地運用《説文》、正確地理解文獻詞義的原則與方法問題。爲了做好這項有意義的工作,需要我們注意以下幾點:

一是堅持系統分析的觀點與方法。也就是不能孤立地、表面地看待《説文》之字與文獻用字。這種觀點與方法具體到分析詞的形、音、義三要素時,就要求對形、音、義交錯互求。例如,"薔虞"之"薔"與"薔薇"之"薔",屬"疑於形者",我們則先以義求之(一爲辛菜,一爲多刺植物),繼以音求之(一爲嗇聲,一爲蘠省聲),最後判定它們是同形異詞。系統分析的觀點與方法具體到分析詞義的發展時,就要求比較詞義的引申系列。"唇"的引申系列與"脣"的引申系列,在意義上各有不同的流向(一爲"顫",一爲"邊"),這樣,就促使我們加深理解了二者之別。系統分析的觀點與方法具體到分析詞的古義或詞義的特點,則應把與某詞相關的其他詞盡可能找出來,看看它們共同涉及到哪一意義,其特色集中在哪一點上,例如對於"士,事也",我們就是通過繫聯"史、尹、司、寺、官"諸詞之後才挖掘出它深含的本義來的。

二是把握詞義與詞義相互聯繫、相互轉化的條件。没有一定的條件,詞義之間不可能發生聯繫與轉化;知道某些詞義之間可以聯繫與轉化,但不能把握其條件,則聯繫與轉化就無法捉摸。《説文》中"同字並見"的"冰"、"凝",在文獻中獨立成詞。從《詩》、《儀禮》"疑"與"止"同義,"疑立"即"正立、自定之貌"的綫索中,我們找到了"冰"、"凝"這兩個詞在意義上聯繫的條件,就是二者都含有使某物"休止、固定"之義。"醋"與"酢"在

音義上發生互易,也是受一定條件制約的。"醋"爲好酒,"酢"爲
敗酒。"醋"發酵即爲"酢","昔"、"乍"古音相通——此即"醋"、
"酢"音義互易的條件。

　　三是以文獻用例作爲驗證的標準。衡量《説文》之字與文獻
用字是同還是異,基本依據只能是古代文獻的用例。我們上面
提到的堅持系統分析以及把握詞義聯繫、轉化的條件的方法,都
是取證於古代文獻的。這就是文獻詞義學遵循的"唯實"的基本
原則。"童"、"僮"之所以互易,是因爲古有"髡鉗爲奴"之制;
"士"、"事"之所以互易,是因爲古有"宦學事師"之禮。不明古
代禮制習俗,則音義互易的條件無由探得。而古代禮制習俗之
説,皆本之六藝經傳。所以,把古代文字和詞義的研究,把文獻
詞義學的理論建立在堅實的文獻根基之上,我們才能言之確鑿,
才能避免錯謬而立於不敗之地。

論"段王之學"的繼承和發展

清初發展起來的考據學,由於承襲漢代的經學研究,所以稱作"漢學";又因提倡樸實學風,而又稱"樸學"。這門學問到乾隆(清高宗弘曆年號)、嘉慶(清仁宗顒琰年號)年間大爲興盛,大家巨匠輩出,專書名著不絕,後代把這一時期的考據學稱爲"乾嘉之學"。

考據學的研究範圍很廣,大致可分爲兩個部分:一部分屬經史之學,這是考據學的内容核心;另一部分是名物訓詁、校勘目錄等學,這是研究經史的工具。後一部分又以訓詁(包括文字、音韻)爲核心。在後一部分研究中,王念孫(1744—1832)和他的兒子王引之(1766—1834)以及與王念孫同時的段玉裁(1735—1815),做出了卓越的貢獻,因而,在非正式的場合裏,人們往往把乾嘉時期以訓詁爲中心的語言文字工具科學稱爲"段王之學"。

段玉裁字若膺,號茂堂,一生著述極豐,所能見到的大約有三十多種,《説文解字注》是他的代表作,這部巨著,凝聚了他大半生的心血,歷時十九年才告成它的前身——長編性質的《説文解字讀》,又過了十三年才得以完成。《説文解字注》被譽爲"千七百年來無此作"的權威論述。王念孫與王引之即人們常説的"高郵王氏父子",王念孫的主要著作是《廣雅疏證》和《讀書雜志》,王引之的主要著作是《經義述聞》和《經傳釋詞》,他們兩人的主要方法是把形音義結合起來,以音爲綫索解決經義問題。應當説,傳統訓詁學因聲求義的方法是在他們手中完善並運用純熟的。

段、王的文字訓詁學,值得借鑒的方面很多,給我們留下了寶貴的財富。其中最可貴的,有以下幾點:

第一,他們在前人著作的基礎上,潛心鑽研理論,探索新的方法。王念孫在給《説文解字注》作的序中,稱贊段玉裁"於古音之條理,察之精,剖之密",使"聲音之道大明"。這其實也正是王氏訓詁的特點。他們都清楚地認識到聲音與意義在語言中早已結合,在探索詞義時,抛開聲音去猜測字形是極易望形生訓的。段玉裁運用他的《六書音韻表》講求詞與詞的關係和義與義的關係;王氏父子則用聲音通假借(他的假借包括同源通用字和同音借用字兩類),解決了經傳中很多疑難問題,發前人之所未發。王念孫的《釋大》,更是以聲音貫通詞義的理論證實之作。段玉裁注《説文解字》通過全面貫穿求引申的方法來聯繫多義詞的詞義,探求詞義的歷史發展。他們的可貴之處不僅在於改善訓詁的方法,更在於對自己運用的方法從理論上有明確的認識。由於方法的正確和運用方法的自覺,他們的訓詁實踐才能解決問題和少有錯誤。

第二,他們在繼承前人的研究成果時,都能做到不盲目迷信古人。段玉裁於《説文》常有增删改動,他根據《説文》全書,發現其中的矛盾,大膽提出自己的見解。事實證明,他的很多見解後來多爲新的資料所證實。例如,他統觀《説文》全書,於"帝"字下指出"古文從一,小篆從二"的很多證據。根據段氏的説法,古代"兀"與"元"是一字,"丌"與"亓"是一字,這一點,許多人開始是不相信的,但都被後來的資料證明了。王引之在《經義述聞》裏援引多種證據證明《左傳》的"從自及也"是"徒自及也"之誤;又用聲音證明"待"與"時"古代同音通用。僅這兩項,就使很多難解的句子得到解釋。例如,《左傳·成公十六年》:"鄢之師,荀伯不復從。""復從"不可解,依王引之說,"復從"是"復徒",即軍士未能回來,形容失敗之慘,文句乃通。《論語》"時其亡也而往拜之"的"時",釋作"待",正通。唯有不迷信古人,方能用新的眼光去看舊的材料。段、王的這種精神,是值得我們學習的。

　　第三,他們熟知古代典籍,精通各朝文獻,尊重實際的語言材料,善於繫聯,更善於比較;在詞義的探求與整理上極好地繼承了漢代學者的"爲實"精神,盡力作到不妄言,不臆測。段玉裁寫《說文解字注》時,先用了比寫本書更長的時間,編纂五百四十卷長編,他占有的資料要比他得出的結論豐富若干倍,這才保證了他的結論有較大的準確度。對書的整理是如此,對每個具體問題也是如此。王引之在說明"從"是"徒"的訛字時,除了指出隸書"從"字作"從"形與"徒"相似外,又舉出《詩經·齊風·載驅》、《列子·天瑞篇》、《莊子·至樂篇》、《呂氏春秋·禁塞篇》、《史記·仲尼弟子列傳》等五種文獻的異文,證明"從"與"徒"的混用。這種重材料、重證據的態度,是可行又可貴的。

　　段、王之學既能繼承前人,又能發展前人之說,既能說服後人,又能帶動後人之學,使"小學"具有了更大的獨立性,從而將"小學"的研究水平提到一個新的高度。

　　我們今天繼承段、王之學,除了學習他們的實際研究成果,接受他們的科學方法外,還應當站在今天的時代高度,看到他們的不足。

　　清代的考據學是在批判程、朱理學的基礎上發展起來的,它的開山人物顧炎武,是一個具有强烈民族、民主意識的思想家。他以考據論經復古,實際上是要復興自己民族的文化,反對清王朝的統治。以後,段玉裁的老師,具有民主思想的戴震,同情人民的疾苦,關心現實,尖鋭地指出過"酷吏以法殺人,後儒以理殺人"的論斷,反對"學成而民情不知"的"迂儒"。他們的考據學是爲一個宏大的目的服務的。然而到了段、王時期,這種明確的目的性已漸漸淡然,漢學家們鑽進古書堆裏忘乎所以,不自覺地墮入爲封建統治者點綴升平的工具。直至晚近的章太炎、黄侃,才將學習和傳播祖國優秀的文化遺産,學習和研究祖國的語言文字,納入反對外族入侵,反對帝國主義的軌道。他們都走出書房,參加到舊民主主義革命的行列中去。

　　段、王是不迷信古人的,我們也不應當迷信段、王。除了段、王的很多結論今天看來已不準確外,他們的方法也還限於當時的條件,不盡科學。我們今天的時代,是現代科學飛速發展的時代,語言學、邏輯學、心理學、民族學、考古學等等學科都有了許多更新的成就,馬列主義辯證唯物主義哲學也在逐漸深入人心,這使我們有了更好的條件理解、研究傳統文字訓詁學。我們是應當比段、王有更新的成就的。

章太炎與中國的語言文字學

　　章太炎是中國近代思想史和學術史上罕有的巨人。他思想的深度和治學的精博在中國近代革命史和文化史上，都很少有人能够匹比。在中國民族文化的延續和繼承上，他起過繼往開來的偉大作用。正確理解和評價這位在中國近代社會中發生過巨大影響的人物，不僅涉及到學術領域的是與非，而且是當前建設具有中國特色的社會主義的現實需要。因爲，這場討論將涉及到準確無誤地吸取歷史的經驗和教訓，認真辨別文化遺產的糟粕與精華，使今後的社會主義文化建設少走彎路，這是一個需要嚴肅對待的重大問題。

　　章太炎的學術研究領域極爲寬泛，而語言文字學是十分重要的一個方面。他是把語言文字之學當成一切其他學問的基礎來研治的，把舊小學轉變爲近代獨立的語言文字學，章太炎應當是有功績的第一人。但是在近代語言學史上，對他的語言學著述從一字一句的得失中加以品評的居多，而對他發展語言文字學的思想和建設獨立的語言文字科學的巨大意義，理解和評價都是不足的。對他的語言文字學的學術體系，也很少能從他整個的思想體系中去認識。所以，儘管章太炎的語言文字著述早爲很多人所熟知，以上這些問題，還是大有討論之必要。

一

使"小學"真正擺脫經學的附庸地位,發展出一門獨立的語言文字之學,是章太炎在語言文字學上的首要貢獻。他在《論語言文字之學》一文中説:

> 合此三者(按:指以研究字形爲主的文字學,以研究字義爲主的訓詁學,以研究字音爲主的聲韻學),乃成語言文字之學。此固非兒童占畢所能盡者。然猶名小學,則以襲用古稱,便於指示。其實當名語言文字之學,方爲確切。此種學問,《漢·藝文志》附入六藝。今日言小學者,皆似以此爲經學之附屬品。實則小學之用,非專以通經而已。(《國粹學報》第二年 24—25 期)

把"小學"改稱爲"語言文字學",不是簡單的易名,而是標誌着這門學科的根本變化。

漢代以來,"小學"一直是經學的附庸,直至發展到乾嘉鼎盛時期,仍舊未能全然擺脱作爲經學釋讀術的附庸地位。因此,它的内容包羅萬象,與經書内容有關的無不需要涉及,可以説,還没有一個與其他科學分工的固定範圍。而章太炎將它確定爲語言文字學,便確定了它的研究範圍,找到了它在近代科學中應有的位置,章太炎在演説時講過:

> 爲甚提倡國粹? 不是要人尊信孔教,只是要人愛惜我們漢種的歷史。這個歷史是就廣義説的,其中可以分爲三項:一是語言文字,二是典章制度,三是人物事迹。(《演説

録》,《民報》第六號)

典章制度和人物事迹都屬歷史的範圍,而語言是與文學并立的,所以章太炎的語言文字學,和文學、史學一樣,都是獨立的人文科學。一門學科有了自己固定的研究範圍,並且在與其他科學較爲嚴密的分工中確定了自己的位置,便爲它向近代的理論科學發展,奠定了有利的基礎。有了這個基礎,章太炎便在舊小學的基礎上,提出了有關語言文字的許多理論課題。例如他的"語言緣起説",是講語言發生時的原始狀況的。他的"轉注假借説",是講文字依賴語言發展的基本規律的。這些課題都是理論的,完全擺脱了舊小學綜合的文獻釋讀術和實用的字詞考據的狹猛性。

章太炎並没有把語言文字學變成一門空泛的理論,而是强調了它對語言材料的依存性和它在指導閱讀、寫作中的應用性。他既把經學轉化爲史學,同時又强調語言文字要依存文學,便在研究和應用的對象上給語言文字學注入了新的生命。古代的經書雖然也是古代語言寫成的,但是由於着重師承的緣故,解經的材料很多是僵化的,這就妨礙了語言研究的客觀性。現在,把經看作記録古代人生活的歷史,再加上反映人的思想感情的文學,這就使語言文字的研究更容易與古代社會現實結合,易於保持它的客觀性。章太炎正是把語言文字學當作研究歷史和文學的工具學科來建設的。由此看來,他所謂的語言文字之學與舊小學已相去甚遠了。

二

章太炎着力建設的語言文字學,繼承了舊小學的研究成果,

也接收了一些國外語言學的啟發,建立起一套前所未有的理論體系。這套體系包含以下幾部分内容:

(一)語言文字發生發展的理論。他提出"物之得名大都由於觸受",因而"諸言語皆有根"(《語言緣起説》)。又提出"有語言然後有文字",而文字則是一種區別物象的符號。先由圖畫而起,漸漸由繁而簡(《訄書·訂文》)。語言、文字産生後,依孳乳之規律而發展。他説:

> 字之未造,語言先之矣,以文字代語言,各循其聲。方語有殊,名義一也。其音或雙聲相轉,叠韻相迤,則爲更制一字,此所謂轉注也。孳乳日繁,即又爲之節制,故有意相引申,音相切合者,義雖少變,則不爲更制一字,此所謂假借也。(《轉注假借説》)

可以看出,章太炎所説的轉注假借,雖然用了漢代"六書"説的術語,但絶不是講的文字之用,更不是講的字形構造,而是文字隨着語言的發展而繁衍的總規律。

(二)漢語和漢字形、音、義結合的理論。其中包括:

(1)漢字形、音、義統一論。他指出,漢字以其形與詞的音與義結合,形、音、義是一個統一的整體。形與音都是義的載負者,求義應當"形體聲類,更相扶胥"(《文始·叙例》)。他認爲,形和音雖然都是語言的外部形式(書面形式和口頭形式),但都是不可忽略的因素,不論在考證語言時或在運用語言進行交際時,它們都是必須加以注意的。他説:

> 大凡惑并音者,多謂形體可廢,廢則言語道窒,而越鄉如異國矣。滯形體者,又以聲音可遺,遺則形爲糟魄,而書

契與口語益離矣。(《小學略説》)

（2）形義系統論。體現他的形義系統的是他的《説文解字》學説。

（3）音義系統論。體現他的音義系統的是他的《文始》。《文始》用孳乳和變易兩大條例來統帥漢字之間的同源關係，以對轉、旁轉等來描寫同源字之間聲音變化的軌迹，用荀子提出的"同狀異所"和"異狀同所"來囊括同源字之間的意義關係，把古代文獻所用的漢字，繫聯成字族，體現了詞與字的内在的音義系統。

形、音、義統一論，是章太炎語言文字學的基本方法論。

(三)語言文字進化、統一的理論。

（1）社會盛衰決定語言文字的進化或退化説。他説：

> 是故國有政者，其倫脊必析，綱紀必秩，官事民志，日以孟晋，雖欲文之不孟晋，不可得也。國無政者，其出話不然，其爲猶不遠，官事民志，日以呰偷，雖欲文之不呰偷，不可得也。(《訄書·訂文》)

他由此推導出發展本民族的語言文字，是延續民族的優秀文化，從而使國家強盛的重要手段。

（2）語言文字發展不平衡説。他認爲，語言文字的發展情況是十分複雜的，差别無處不在："有通俗之言，有科學之言，此學説與常語不能不分之由"，"有農牧之言，有士大夫之言，此文言與鄙語不能不分之由。"對待這些差别，應當保留語言的真實面貌。他説：

> 故教者不以鄙語易文言，譯者不以文言易學説，非好爲

詰詘也,苟取徑便而殽真意,寧勿徑便也。(《訄書‧訂文》)

同樣,他也不主張言文合一,反對白話文取代文言文而登入文苑。他説:

> 今世作白話文者,以施耐庵、曹雪芹爲宗師。施、曹在當日,不過隨意作小説耳,非欲於文苑中居最高地位也,亦非欲取而代之也。(《白話與文言之關係》)

他認爲,白話文的書寫,會遇到很多困難。由於方言的差異,如果照實記録各方言區的口語,文章便失去統一的統系格律,不如仍用文言,可以保持書面語的統一。

(3)方言的差異與統一説。他把中國的方言分成十個區,簡述了這些方言在語音上存在的不同特點。他主要用漢字來統一方言,使不同地區的人在書面語上取得一致。《新方言》便是基於這種看法所作的實踐。他還提出,"而欲通其口語。當正以秦、蜀、楚、漢之聲"。

章太炎儘管在主張文言文這一點上,被視爲抱殘守缺,但從語言文字學的發展看,它這一整套理論體系,既吸取了顧炎武以來清代小學的最佳成果,又受到二十世紀初迅速傳入中國的世界科學先進方法的啟迪、影響,因而能在繼承中創新。他不僅爲舊的經學小學作了全面的總結,又爲新的語言文字科學的創建和發展,奠定了基礎,構築了框架,在這門學科的發展上有着不可磨滅的功績。

三

要理解章太炎先生創建的語言文字學,只從語言科學本身去考慮是遠遠不夠的,還應當把它放到太炎先生整個的革命思想和學術思想以及他的實踐主張中去看。

章太炎是清代樸學的最後一人,又是近代學者的第一人。清代樸學的創始人顧炎武,主張"通經致用",用經學來反對空談心性的理學,保護民族意識。顧氏以後的乾嘉學者,除戴震以外,便很少有思想家,而更多的是煩瑣的考據家了。儘管這些學者在一個多世紀的時間裏,做了大量的文獻整理工作,在保存中國古代文化上有重大的貢獻,而且在這一過程中,把漢代開創的小學發展到鼎盛,但是,他們在繼承顧氏經學小學的思想精神上,是不全面的。章太炎所處的時代,已經是漢學的中落時代,一批小學家們在故紙堆中所做的學問,創造了衆多歷史上的語言文字的材料,却失落了振興民族文化、喚起愛國熱情的思想精粹。面對這樣一筆遺產,又面對着中國淪入半殖民地社會而被推翻的封建王朝陰魂不散這一危急的局面,在漢學上造詣極深而又有強烈愛國熱情的章太炎,便自然而然地走上了把學術活動和革命活動緊密結合起來的道路。他對中國傳統文化的態度是:"用國粹激動種性,增進愛國的熱腸。"他曾說:

> 近來有一種歐化主義的人,總說中國人比西洋人所差甚遠,所以自甘暴棄,說中國必定滅亡,黃種必定勦絶。因爲他不曉得中國的長處,見得別無可愛,就把愛國愛種的心一日衰薄一日。若他曉得,我想就是全無心肝的人,那愛國愛種的心,必定風發泉涌,不可遏抑的。(《演說家》,《民報》第六號)

正因爲如此,章太炎首先改變了對封建經學的傳統觀念,把它轉變爲宣傳愛國主義的史學,爲此,他也改變了對孔子的傳統觀念,認爲孔子"是史學的宗師,並不是什麽教主。史學講人話,教主講鬼話。鬼話是要人愚,人話是要人智"(《章太炎的白話文》)。

明瞭這一點,我們便不難瞭解太炎先生的語言文字學在他的整個學術體系和革命主張中的地位。

第一,他把語言文字之學,作爲中國人瞭解本國歷史的工具,所謂"欲知國學,則不得不先知語言文字"。

第二,他同時也把語言文字,作爲宣傳愛國思想,激發民族自尊心的一個重要内容。他認爲,中國的語言文字之學,成就極深,"自己必定應該曉得,何必聽他人的毀譽"(《章太炎的白話文》)。所以,他主張廣泛施行語文教育。

第三,他把創建統一的近代民族語言和文字,作爲振興民族文化、挽救祖國命運的一個手段。

章太炎的語言理論和語言實踐都是在這三個主導思想下實行的。他在闡明自己語言實踐的三大代表作《文始》、《小學答問》與《新方言》時說:

> 余以寡昧,屬兹衰亂,悼古義之淪喪,愍民言之未理,故作《文始》以明語原,次《小學答問》以見本字,述《新方言》以一萌俗。(《國故論衡·小學略説》)

"明語原"是追尋詞語的發展綫索,"見本字"是統一漢語的書寫方式,"一萌俗"是促進方言的迅速統一。這都是上述思想的直接體現。

章太炎的語言文字學,不僅爲他的革命活動和總體的學術研究服務,而且也是一門獨立的近代科學。在發展科學上,章太炎是一位創新派人物,他主張求智應當打破迷信,"不曉得那邊實際，隨風逐潮，胡亂去相信那邊，就叫做迷信"。他歷數了近代人學科學所吃的迷信的虧。他主張繼承，但同時提出，"智識無止境，後人應比前人更進一級"。他説，學習前人，如同借錢，借了來有贏利，使學問新新不已。他也不反對引進，但同時提出，"學問采取別國，應能够轉進一層"。他説，學習別國，如同送信，不能總在送信的地位，也要自己能够寫信。(《章太炎的白話文》)這些極爲先進的治學思想，使得他得以擺脱舊小學的條條框框，提出新課題，運用新方法，懷疑舊結論，創造新體系。例如，他打破了漢字與漢語字詞之間的個別聯繫與外在聯繫，將形、音、義統一起來，歸納出漢字的字族系統。他不僅承認語言和文字古今的區別，而且着重看到了語言的古與今，方言與雅言之間縱與橫的關係，以近代方言繫先秦古語，作出了前人從未作過的成績。他發展了古韻分部的學説，把詞的音變與義變結合在一起觀察，用《成均圖》反映出與義變相關的音變的各種複雜性。他把形與音看成求義的工具，建立了一整套以義爲中心的訓詁方法……他的創新打破了乾嘉小學的迂腐僵化的思想和方法，同時使乾嘉小學的成果發揮了新的作用，他越過了乾嘉小學，也救活了乾嘉小學。

只就語言文字來説，不論是治學的精神或是治學的方法，章太炎都堪稱爲近代學術史上的巨匠。

四

在語言文字學上，太炎先生也自有他不可避免的時代的和個人思想的局限。這首先在於，他所提倡和宣傳的民族文化畢竟是封建時代的文化，即使是它的精華，在方法和體系上，也與近代科學的發展，有一個相當大的距離。加之章太炎的國學内容，又必然是歷史的而不屬近代現實的，這就使得他在這一基礎上創建的語言文字學也存在某種"復古"的傾向。時代越向前發展，這門學問便越不易被當代人接受。所以，太炎先生所首次提出的"語言文字學"這一名稱，後來雖被采用，但他爲這門科學設計的内容，却並没有被後來人所接受。

章太炎在二十世紀初期講到常識與教育時，曾提出要普及經典常識和小學常識，主張把它們編成教科書，但是後來未能實踐。隨着白話文的普及，以文言文爲基礎的語言文字學，不但在中學的國文課裏比例越來越少，甚至在高等學校的國文系，也不再占主導地位了。到了五十年代，古代文獻語言學的分科文字學、音韻學、訓詁學就整個學科體系來説，已從高等學校中文系取消。

語言文字學的研究工作，也没有按章太炎的設想發展，在傳統小學基礎上發展起來的語言文字學，由於研究對象只是古代漢語，方法上也没有得到進一步更新的機會，大部分發展緩慢，五十年代後竟至"斷裂"，幾成絶學。而從《馬氏文通》首始的語法學，因爲進入到研究古白話和現代語言，以後又接受了國外語言學理論，反而發展迅速，在一個時期内，獲得了普及的地位，進入了教學領域，成爲漢語研究的主要内容。近半個世紀以來，中國傳統的語言文字學，不但没有成爲本國語言研究的主流，連發展的機會也很少了。

章太炎創建漢語語言文字學，包含着許多可貴的經驗，但是，有一條教訓是值得我們吸取的，那就是，任何一門科學，都必須永遠創新，不斷前進，跟上科學發展的步伐，滿足當代人民的需要。如果我們能够吸取這一教訓，不斷更新傳統語言文字學的方法，從自己的民族文化遺産的精華中，總結出爲當代人民需要，爲社會主義需要，爲世界需要的東西來，那麼章太炎這一代人没有完成的任務，將會在我們這幾代人手中完成。我們應當在廣泛吸取全世界先進語言文字理論的同時，努力發展自己本民族固有的語言文字學，爲世界語言科學增添財富。

論《説文》字族研究的意義

——重讀《文始》與《説文同文》

一

我國的傳統字源學,是從文獻語義學的內容中衍生出來的。如果探討它的歷史,大約可分三個階段:

第一階段在漢代,它的主要內容是以訓詁形式表現的字源探討,這種探討的主要方式是聲訓和形訓。聲訓探討的是音義來源,形訓探討的是形源。三部小學專書《釋名》、《説文》和《方言》標誌着這一階段的綜合實踐和理論證實的高峰。

第二階段縱貫自漢以降,直至元、明的漫長年代。它的特點是進行了字源原理的初步探討。在形義關係上,"右文説"是它的最高發現,在音義關係上,"音近義通"是它的主要結論。這時的字源研究者,還停留在從表面現象中總結規律,對許多現象有所解釋而又缺乏自覺,因而帶有理論上的片面性和實踐上的盲目性。

第三階段在清代和晚近,在這一階段中,進入了對字源的全面繫聯和對字源原理的進一步探討。清代的字源研究者主要做了三件事:一件是進一步從文獻材料和小學專書中尋找新的字源例證;第二件是用形、音、義統一的理論來解釋有關字源的各種現象;第三件是定出了音、義發展變化的條例來統帥繫聯同源字的工作。

全面地完成了這三個任務的,是章太炎先生的《文始》。

縱觀從漢代的聲訓到晚近的《文始》這個傳統字源學發展的漫長過程,可以看出傳統字源學的四方面特點:(1)它以平面的語義訓釋爲起點,逐漸走向局部的歷史推源;(2)它以字源爲詞源的基礎,從形源的探討深入到義源的探討;(3)它以漢字的形、音、義統一爲理論基礎,在形、音、義變化的軌迹中,尋找規律和探索原形;(4)它以比較和繫聯爲基本方法。全面體現這四方面特點,並將前代的研究集大成者,也是章太炎先生的《文始》。

從近代開始,漢語字源的研究有了很大的進展,劉師培、楊樹達等先生的著作中,更深入地探討了字源的理論,站在更高的角度來評論了傳統字源學的作者,而影響和推動了他們的研究的,仍然是章太炎先生的《文始》。

在傳統字源學這個領域裏,《文始》有着不可磨滅的功績。

二

《文始》用孳乳和變易兩大條例來統帥漢字之間的同源關係,用《成均圖》把音韻學的研究成果運用到字源的研究中,以對轉和旁轉來描寫同源字之間聲音變化的軌迹,用荀子提出的“同狀異所”和“異狀同所”來囊括同源字之間的意義關係,這些方法,都在後來被采用。實踐證明,在這些方法中,相當一部分是有根據,有科學價值的。但是,也有一些受到時代和個人研究思想的限制,不盡完善和不盡合理。即使是後者,在科學史上也有它另一方面的價值,那就是給後人提供了失敗的教訓,激發起探討新問題的興趣和激情。不過,我們以爲,《文始》的價值,如果

從理論方面和實踐方面的來比較,應當説,實踐方面的價值要更
大些。

《文始》的實踐可以用一句話來概括,那就是以初文、準初文
爲起點來歸納《説文解字》的字族。《文始》在實踐上的價值不在
一字一詞繫聯的得失,而在這個設計方案的成功。這一點可從
兩方面看。先從字源的研究看:

字源的研究,在《文始》之前已經搞了多年,同源的實例舉出
了很多,但是,字源的普遍性究竟有多大? 音近義通現象在什麼
範圍內可以成爲規律? 漢語字族的全貌是什麼樣子? 前人繫聯
同源字的方法哪些正確可行,哪些還有漏洞,哪些完全不科學?
這些都是沒有經過探討更沒有經過證明的。要想解決這些問
題,必須進行有關材料的全面考查,僅僅舉出幾個實例來,已經
解決不了問題了。列寧在《統計學和社會學》裏説過:"羅列一般
例子是毫不費勁的,但這是沒有任何意義的或者完全起相反的
作用,因爲在具體的歷史情況下,一切事情都有它個別的情況。
如果從事實的全部總和、從事實的聯繫去掌握事實,那麼,事實
不僅是'勝於雄辯的東西',而且是證據確鑿的東西。如果不是
從全部總和,不是從聯繫中去掌握事實,而是片斷的和隨便挑出
來的,那麼事實就只能是一種兒戲,或者甚至連兒戲也不如。"在
字源的研究上,缺乏的是事實的"全部總和"和事實之間的聯繫。
對早期漢語同源詞的全面繫聯工作,當然還要從漢字做起,它的
取材可從兩方面:一是把先秦文獻所用的文字用積、分的方法全
部統計出來,然後進行繫聯;二是采用某一部漢代以前的小學專
書已經積起的漢字。《文始》用的是後一種取材,並且選定了《説
文》,這是很正確的。首先,《説文》是以文獻用詞的詞義爲基點

來整理漢字的,因此,《説文》所收的字歷來被認爲是正字,也就是説,許慎已經替我們做好了文獻用字的積分工作;第二,《説文》嚴格遵守形、義統一的原則,是講本字與本義的,它排斥了借字與借義,給繫聯同源字提供了最有利的條件;第三,《説文》的聲訓、讀若、形聲系統中,已經包含了一部分同源字的資料,爲全面繫聯同源字提出了不少綫索。所以,《説文解字》是全面繫聯同源字最好的材料。

再從《説文解字》的研究看:

《説文解字》自問世以來,一直在"小學"中占統治地位,研究它的大家不計其數,在某些領域裏,"小學"幾乎變成了"許學"。但是,過去的《説文》研究者,主要做了以下工作:研究《説文》本書的體例;研究《説文》提供的形體結構體系——六書;研究《説文》提供的意義——由本義到引申;研究《説文》提供的聲音——形聲系統和讀若。這些研究,都是對漢字形、音、義分解後的研究,它們所顯現的,都是字與字之間部分的外在聯繫。而字源的研究,則是對漢字形、音、義關係的綜合的、有機聯繫的研究,它顯示了字與詞的内在聯繫。字以族分,追溯到字與詞產生的總根源,使《説文解字》的研究深入了一步,更加充分地發揮了它所提供的形、音、義資料,這在許學上應當説是一種躍進。

不過,太炎先生對這個設計方案的解釋,在某些方面又有不適當的地方。例如,中國的傳統字源學本來就包含詞源的内容,但字源畢竟不等於詞源:字源只能把源頭追溯到文字產生時期,也就是有史時期,史前期的狀況只能推測而無法考究。字源只能與單音詞的詞源直接聯繫,於雙音詞,特別是合成詞,則僅能間接涉及到。所以,如果把《文始》看成是字族的繫聯,而不把初文、準初文稱作"詞根",這個設計方案的總體就更易被人理解了。黃季剛先生説:"《文始》總集字學、音學之大成,譬之梵教,所謂最後了義。"顯然説得絶對一些,但如果從《文始》的總體設計來看,這個評價是有道理的。

三

有了一個可行的總體設計方案,如果在具體設施上未能準確,同樣會影響總的結論和這個設計的價值,所以,審慎地檢驗《説文》同源字繫聯的得失,又是一個十分重要的工作。黃季剛先生的《説文同文》①,就是對《文始》的繫聯結果所作的檢驗,《説文同文》在很多地方證實了《文始》的繫聯結果是正確的,也在一些地方做出了與《文始》不同的結論。

我們現在所看到的《説文同文》,是黃焯先生由黃季剛先生手批《説文》中依部録出的,這部分材料原來批在《説文》有關字條的天頭上。從現在所能看到的季剛先生的批注箋識看,他是積累了大量的材料準備在五十歲以後寫書的,從這些材料的積累狀況,常常可以約略領會季剛先生未實現的寫作意圖。《説文同文》顯示了季剛先生繼續從《説文》中繫聯同源字,準備更準確地歸納字族的想法。根據我們的比較和統計,可以看出以下幾個問題:第一,《説文同文》與《文始》完全相同者占 67%,部分或某方面相同者占 21%,不同者占 12%②。可見章、黃的《説文》字

① 見《説文箋識四種》(黃侃箋識,黃焯編次)。
② 《説文同文》與《文始》收字不盡然相同,這裏是以《説文同文》所收字數爲 100% 所做的統計。

族研究的大致方向是相同的。第二,《説文同文》采取更爲審慎的態度,在歸納字族時,僅取直接同源者而繫聯之,比之《文始》的多字長段繫聯,更容易準確而有説服力。用今天的眼光看,《説文同文》標出的同源字,大約還有半數以上可以再度繫聯,但再度繫聯的各組間,音與義的關係都比較間接,距離較遠了。《説文同文》提供的同源字基礎是極爲扎實的。第三,《説文同文》在聲音上,一般只取對旁轉、近旁轉與旁對轉,采用比較嚴格,在意義上,含有較爲清晰的義通條例,這些都是《文始》在實踐上由於初創而未及完善解決的。如果從《説文同文》中將其義通的條例歸納出來,當可使同源字的繫聯在理論上更自覺,在實踐上更少錯誤。

總之,《説文同文》是對《文始》的重要補充和檢驗。我國從訓詁學中發展出的傳統字源學,由《文始》和《説文同文》做了總結。同時,近現代的新字源學,也由這裏起步。《文始》和《説文同文》在漢語字源學的發展上,是有承前啟後的作用的。

四

現代的漢語字源學,除了繼續完成全面的字族繫聯工作以外,更應當着重探討漢字的形、音、義結合的原理,從理論上確定同源字之間音與義、形與義各具有何種聯繫。只有把同源字之間聲音變化、意義延伸、形體孳生的軌迹從規律上確定下來,字族的繫聯工作才能順利進行。在做上述工作的時候,要更換記音符號(利用古音重建的研究成果),參考更早的字形材料(金文,甲骨文),借鑒中外現代語言文字學中適用於漢語漢字的理論。但是無論如何,現代漢語字源學的建立和完善,一定要在傳統字源學的基礎上,以它的終點作爲起點。因此,分析《文始》和《説文同文》的成績和局限,批判地繼承這兩種字源學專著的成果,是一件十分有意義的工作。這一工作已經開始,今後還將進行下去。在紀念章太炎先生逝世五十周年和黄季剛先生誕生一百周年逝世五十周年的時候,我們粗淺地陳述出對《文始》和《説文同文》意義的認識,非敢對二位大師妄加評論,只是表示對他們的字源學成就學習和繼承的决心,以就教於前輩和同行。

"絡繹不絶"本義考

"絡繹不絶"的"絡繹"原寫"馬"旁。《漢書》有"駱驛道路"之說,指車馬往來不絶,故字從"馬"。《後漢書·光武十王列傳》:"數遣使者太醫令丞、方伎道術,絡驛不絶。"仍然是指人流車馬往來不斷,但"駱"字却改爲"糸"旁,寫成"絡驛"了。

其實,"駱驛"從"馬",是人們的推想,就其本義説,"駱驛"本應從"糸"。《説文解字·十三上·糸部》:"絡,絮也。""繹,抽絲也。""絶,斷絲也。""絡繹"是由繭中抽絲的現象,抽得成功,便源源不斷,所以有"絡繹不絶"之説。用在人流車馬上,不過是一種比喻。

從文字上看,"斷"、"絶"、"紊"、"亂"都從"糸"或與絲有關。《説文》:"絶,斷絲也。""斷,截也,從斤從𢇍,𢇍,古文絶。""紊,亂也。""亂,治也。""亂"與"紊"同義,當"治理"講。一個詞表示兩個相反的意思,也表示一種因果關係,絲亂了,才要治,治好了,就有條理,治不好,仍是亂的,這都表示繰絲不順利。如果順利,就既不斷絶,又不紊亂,也就"絡繹不絶"了。

"動輒得咎"解

成語"動輒得咎",一般人都把"輒"解釋成虛詞,以爲即是"則"字,而"則"當"就"講。"動輒得咎"意爲"一動就落埋怨"、"一動就招不是"。這種解釋雖然能通,但不合原義。

"輒"是古時候車兩邊的木欄,象車的兩耳,它從"耴"(zhé)得聲,也是從"耴"派生來的。"耴"是人的兩耳下垂。春秋鄭國有位公子叫輒,字子耳,傳說其耳下垂,故以爲名。"耴"又和"聑"(dié)通用,在《埤蒼》裏,"聑"也當"耳垂"講,而"輒"、"耴"、"聑"在上古是同音的,互相通用。"輒"就是"聑"的同源通用字。

《說文解字》說:"聑,安也。"朱駿聲解釋這個字從兩耳說:"五官莫安於耳。""輒"與"聑"通用,因此也有"安"義。安與動義正相反,安就是不動。《莊子·達生篇》:"輒然忘吾有四枝形體也。"《經典釋文》說:"輒然,不動兒。"

"輒"不是連詞"則",而是動詞。當"不動"講。"動輒得咎"意思是"動不動都落埋怨"、"動不動都招不是"、"動不動都犯錯誤"。這樣解釋才符合原義,也才傳達出成語的生動性。

“不速之客”古義考

“不速之客”是今天常用的成語,但很多人不知道它的出處,更不知“速”義爲何、“不速”何以與“客”相連。

查《周易·需卦》,有“上六入于穴,有不速之客三人來,敬之終吉”之語,這是“不速之客”的原始出處。

“速”義爲何? 王弼注:“難終則至,不待召也。”以“召”釋“速”。“速”的本義是“疾速”,不可能發展出“召”的意思來,“不速之客”的“速”本字應是“諫”。

《説文·三上·言部》:“諫,餔旋促也。”段注云:“未聞。”案:“餔”是“日加申時食”(也見《説文》),也就是晚餐,有客不按時來,便需催請。“旋促”者,催其快來入席。《左傳·成公十二年》:

> 晋郤至如楚聘且莅盟,楚子享之。子反相,爲地室而縣焉。郤至將登,金奏作於下。驚而走出。子反曰:“日云莫矣,寡君須矣,吾子其入也。”………

其情景正合“餔旋促”之意。所以,“諫”的本義是催客人快來吃飯,引申而有“請”、“召”之義。《詩經·小雅·伐木》“既有肥羜,以速諸父”,“既有肥牡,以速諸舅”,都以“速”借爲“諫”,表明以飲食致殷勤之義。所以,“不速之客”的“速”也應是“諫”,不諫之客就是未請未催而自己來的客人。孔穎達解釋“有不速之客三人來”,説是“不須召唤之客有三人自來”,這個解釋至爲確切。

附：引文譯文

晋國的郤至作爲使節到楚國訪問，並締結盟約，楚國國君宴請他，子反擔任贊禮者，造了地下室來安置鐘鼓等樂器。郤至將要登堂時，樂隊擊鐘奏樂於地下。郤至大驚而奔出去。子反説：“天已經晚了，寡君在等候了，您請進去吧。”……

"不可救藥"解

一個人的毛病改不好或者一件事的後果不可制止,都可以説是"不可救藥"。"不可救藥"語出《詩經·大雅·板》:"多將熇熇,不可救藥。"孔穎達解釋這句話説:"多行慘酷毒害之惡,誰能止其禍? 如人病甚,不可救以藥。"

孔穎達把"不可救藥"解釋作"不可救以藥",用今天的話説就是"没法用藥治"。這在意義上可以説得過去,可惜不符合先秦的句法。從語義關係上説,動詞"救"可以帶兩種意義的賓語:一種是被救助的對象,例如"救民"、"救國"、"救人"等;另一種是需要免除的災禍,例如"救災"、"救死"、"救火"等。但是不能帶"藥",這種意義爲救災手段的賓語。説成"不可救以藥",也有點不成話,注釋家們常批評這種生硬的解釋爲"不辭"。

其實,"不可救藥"應是"不可救療",用今天的話説就是"没法救治"。王引之在《經義述聞》裏"藥石"一條下説:"'藥'字古讀若'曜'(説見《唐韻正》),聲與'療'相近。"又引《方言》:"慅,療治也。江湘郊會謂醫治之曰慅,或曰療。"注:"慅音曜。慅與藥古字通。"這一條也適合於"不可救藥"。《詩·大雅·板》:"多將熇熇,不可救藥。"《韓詩外傳》"藥"作"療"。《左傳·襄公二十六年》:"今楚多淫刑,其大夫逃死於四方,而爲之謀主,以害楚國,不可救療。"——也寫"不可救療"。

"藥"和"療"通用和互訓的地方很多,這兩個字本是一詞之分化。“療”是治病的行爲，“藥”是治病的湯餌，本來用一個詞表達，以後分寫兩字，分化初期習慣上還互相通用。《説文》“藥”寫作“藥”，“療”寫作“癆”，都從“樂”聲，分化的痕迹更爲明晰。“不可救藥”以“不可救療”來理解，講成“没法救治”，再清楚不過了。

"朝夕相因"與"朝不及夕"

"朝夕相因"與"朝不及夕"是兩個意義恰好相反的成語:一個是説日夜延續,不改樣子;一個則説有了早上,到不了晚上,很快就要大變樣了。

"朝夕相因"語出《周禮》鄭玄注。《周禮·春官·司几筵》説:"凡吉事變几,凶事仍几。"几,是一種低矮的小桌。古人席地而坐,"几"相當於今天的桌子。鄭玄解釋"變几"與"仍几",認爲凡吉事,每事都要换一種几,所以叫變几;凡凶喪事,不换几,放在那兒不動,所以叫奠几,又叫仍几。"奠"是"停"的意思,"奠几"就是置而不動之几。"仍"訓"因",《説文·八上·人部》:"仍,因也。""因"當承襲、繼續講,"仍几"就是延續不變之几,鄭玄説:"奠几,朝夕相因。"這就是成語的出處。

"朝不及夕"則出自《左傳》。《左傳·僖公七年》説:"齊人伐鄭,孔叔言於鄭伯曰:'諺有之曰:心則不競,何憚於病。既不能强,又不能弱,所以斃也。國危矣,請下齊以救國。'公曰:'吾知其所由來矣,姑少待我。'對曰:'朝不及夕,何以待君!'夏,鄭殺申侯以説於齊,且用陳轅濤塗之譖也。"——國家將危,而鄭伯還要"姑少待我",所以孔叔答復他"朝不及夕,何以待君!""及"當"達到"講,這句話意思是有了早上,到不了晚上啦,等不了你啦!

這兩個成語雖然出處不同,但因爲意義相關,所以過去經常

連言或對言。今天卻都在字面上有了變化。“朝夕相因”説成了
“朝夕相處”，不但字面變了，意義也變了。“朝不及夕”説成“朝
不保夕”或“朝不慮夕”，意義没變，但更具體、更明確了。所以現
在已經不再將這兩個成語連用了。

釋"尾大不掉"

"尾大不掉",比喻部屬勢力強大,難以駕馭。這個成語的前面本還有半截的,即所謂"末大必折,尾大不掉"。《左傳》記載,魯昭公十一年,即公元前531年,楚靈王修建陳、蔡、不羹這三座城邑,想派貴寵公子棄疾去駐守蔡城,但是又不知這個措施妥當不妥當,便派人去問手下的大夫申無宇。申無宇勸告靈王說,"五大不在邊,五細不在庭",這是很多朝代的歷史教訓。所謂"五大",指的是太子、母弟、貴寵公子、公孫和累世正卿,也就是地位特別顯赫的人。這些人權勢過大,容易專盛,成爲國害。也就是說,容易擴大自己的勢力,對上面鬧獨立性,妨礙中央集權,所以不可以任命作邊城的戍守者。申無宇還舉出宋蕭、亳殺子游,齊渠丘殺無知,衛蒲、戚出獻公等歷史上的實例,來說明這個道理。最後,他說:"末大必折,尾大不掉,君所知也。"這件事《國語·楚語》也有記載。

"末大必折",是以樹木比喻。樹梢長得太大,就容易脫離樹幹而折斷。這個比喻容易理解。"尾大不掉"是什麼意思呢?《楚語》上解釋說:"夫邊境者,國之尾也。譬之如牛馬,處暑之既至,蝱蜹之既多,而不能掉其尾。"這個解釋是很形象準確的。意思是說,邊境的勢力過大,就好像牲畜長了一條大尾巴。尾巴本來是可以驅趕蚊蠅的(大蚊叫蝱,小蚊叫蜹)。到了天氣最熱的時候,牛馬的尾巴又大又重,甩不起來,不但不能驅趕蚊蠅,而且成爲一種冗贅。這正如駐守邊境的人勢力過大，到需要的時侯，調而不動，無法藩屏王室，一旦調轉武器，則必爲害無疑！

　　“尾”，本義是畜獸的尾巴，引申有邊境、水濱之義。《愚公移山》有“投諸渤海之尾”之説，“尾”就是水濱。“尾大不掉”的“尾”也可以直接當邊鄙講。“掉”《説文·十二上·手部》訓“摇也”。段玉裁説：“掉者，摇之過也；摇者，掉之不及也。”可見“掉”指大幅度地摇晃，正好形容由邊境調兵遣將。用詞是很確切的。

"縱橫捭闔"解

在政治上、外交上使用分化離間、聯合爭取等手段來對待其他國家,叫做"縱橫捭闔"。這個成語近年來比較常用。出現的次數很多,但"捭闔"怎麼講,爲什麼"縱橫"與"捭闔"連用,有些人還不大清楚。

戰國時期的九流十家中,有一家稱縱橫家,代表人物是張儀和蘇秦。蘇秦主張把齊、楚、燕、韓、趙、魏六國聯合起來,共同抵抗强大而又有侵略野心的秦國,這種外交政策叫"合縱";張儀則主張六國中的一些國家跟秦聯盟,去進攻其他國家,這種外交政策叫"連橫"。合縱連橫,簡稱"縱橫",所以這派人稱"縱橫家"。

蘇秦和張儀儘管在外交上立場和方法都是大相徑庭的,但兩個人拜的却是同一個師傅,即是隱居在穎川陽城鬼谷地方的鬼谷子。鬼谷子是縱橫家的老祖宗,相傳是楚國人。傳寫過一部書,只一卷,就叫《鬼谷子》。文章奇變詭偉,甚是古奧,"捭闔"是其中的一個篇名,也是縱橫家最重要的一種手段。所以"縱橫"與"捭闔"連在一起用,概括了縱橫家的主張。

縱與橫,捭與闔是兩對反義詞。"捭",《説文》解釋作"兩手擊也"。段玉裁把這個解釋形象化,説:"謂左右兩手橫開旁擊也。"翻譯過來,就是兩手向左右側打出去,這在拳脚上叫作"開","左右開弓"正是用的這個"開"。"捭"字又常寫作"擘","擘"當分剖講,解剖小猪叫"擘豚","分剖"與"開"義相通,所以大拇指稱"巨擘"。古人認爲五指中四指主合,拇指主開。"捭"
與"擘"同源通用。"闔"是門扉,《説文》説:"一曰閉也。"意義與
"捭"正相反,從動作説,它是兩手合攏的護身動作。從外交説,
"捭"是開言,讓人家知道,這是進攻性的;"闔"是閉口不言,也就
是沉默,"無可奉告",這是防禦性的。明白了這一點,對《鬼谷
子·捭闔篇》所説的"捭之者,開也,言也,陽也;闔之者,閉也,默
也,陰也",就很容易理解了。《鬼谷子》説"捭闔"是把哲學上的
開合辯證法運用到開言與沉默的外交手段上。所以,"縱橫捭
闔"最初並没有貶義,只是由於封建階級專搞權術而資産階級喜
弄詭詐,爲無産階級所不取,才使這個詞帶上了貶義色彩的。

　　"捭闔"這個詞在現代北京口語裏還保存着,聲音變爲"bái
huo"("捭"改讀平音,"闔"變合口讀輕聲)。人們管誇誇其談、
不負責任地説三道四稱作"瞎捭活",又稱"瞎掰",正是"捭闔"
的音變義轉。

"囫圇"本字考

成語"囫圇吞棗"比喻學習時生吞活剝,不加理解。"囫圇"當"整個"講,是北方方言詞。

"囫圇"二字,《説文》寫作"楎",訓釋爲"梡木未析也"。梡木是整根木頭,沒劈成柴時叫"楎"。"楎"音"胡昆切",今讀"昏","梡"音"胡本切",二字是同音不同調的同源字,"囫圇"就是"楎"或"梡"的緩讀,即一音分兩讀而寫兩字。"囫"取其聲母加主元音。"圇"取其韻母加邊音作聲母。

漢語緩讀之例很多。如:"孔"字緩讀作"窟窿","繭"讀作"鷄眼"等。前例也在後一音節加邊音充當聲母,與"囫圇"緩讀的規律正相同。

所謂"渾然一體","渾"作不可分割講;"渾身是膽","渾"當"全部"、"整個"講,其正字皆應作"楎"。陝西方言稱完整爲"渾",孩子穿的整襠褲叫"渾襠褲",正保留了"楎"或"梡"這一古詞的音與義。

"雅座"與"雅量"

　　飯店酒館門内外常寫着這樣的招貼："備有雅座"或"樓上雅座"。所謂"雅座",是指桌椅安置比較整齊,離鋪面較遠也較安静的客席。"雅座"似乎與比較大衆化的普通客席有别,因此,人們常把"雅座"理解成"典雅之座"。而酒席中人們常稱酒量大的人爲"雅量",援"雅座"之例,便有人以爲酒乃雅人之事,酒量大則典雅之甚也,故稱"雅量"。

　　其實,這兩個解釋都未得要領。"雅座"並非典雅之座,"雅量"亦非典雅之量。而且,"雅座"之"雅"並非"雅量"之"雅"。

　　"雅座"的"雅"本字是"庌"(yā)。《説文》:"庌,廡也。"廡是客堂,庌座是設在客堂裏的座位,也就是待客之席。而"雅量"的"雅"本字却是"盓"(yǎ)。《小爾雅》:"盓,音雅,杯也。通作雅。"翟灝《通俗編》引《典論》説:"劉表製酒器三:大曰伯雅,容七升;次曰仲雅,容六升;小曰季雅,容五升。"翟灝按:"世稱雅量,謂能飲此器中酒不及醉也。"《説文》:"疋,古文以爲《詩‧大雅》字。""盓"從"疋"得聲,所以能通作"雅"。

釋“不介馬而馳之”

《左傳·成公二年》記載“齊晉鞌之戰”，文中有句話叫做“不介馬而馳之”。是説齊侯狂傲輕敵，在早晨與晉軍作戰之前，即揚言説：“余姑翦滅此而朝食！”意思是，等我把晉軍全部消滅了再回來吃早飯。接着他便“不介馬而馳之”，急匆匆直取晉軍。

“不介馬”怎樣解釋？杜預注：“介，甲也。”認爲“不介馬”就是不給馬披上鎧甲。爾後許多人都沿襲這一説法。其實這種解釋是不確的。

先秦時代打仗是車戰，用馬來駕車。車戰四馬，前面兩匹是服馬，左右兩邊爲驂馬。作戰之前的一項準備工作，就是由御者把馬的尾巴挽起來，打成一個結。如果不這樣做，馬奔跑時尾巴來回甩就很礙事。

把馬尾打成結，《説文》中用“騎”這個字來表示。《馬部》：“騎，系馬尾也。”段注：“此當依《玉篇》作‘結馬尾’，《廣韻》作‘馬尾結也’。結即今之‘髻’字。”朱駿聲也説：“結馬尾如人之紒。”“髻”是“紒”的後出字。《説文·髟部》：“紒，簪結也。”古人挽髮結，是用“緌”來韜髮，韜之而後髻之，然後以簪固定之，這就是“紒”。結馬尾與此相似，也是先要用“韜”。《説文·糸部》：“紛，馬尾韜也。”“韜”本爲劍衣，在這裏是指裹馬尾之衣。“紛”實即“紛紜”、“繽紛”，包含有“亂”與“理”兩層含義。《説文·員部》：“紜，物數紛紜亂也。”段注：“紛紜謂多，多則亂也。”又《鬥部》：“鬮，鬥連結繽紛相牽也。”《文選》張衡《思玄賦》：“思繽紛而不理。”注：“亂貌。”《文選》馬融《長笛賦》：“條决繽紛。”注：“能整理也。”由於“紛”具有“亂”與“理”兩層含義，所以《釋名·釋車》説：“紛，放也，防其放弛，以拘之也。”將馬尾整理並挽成結，馬尾就不致“放弛”，就不“亂”了。古人早已懂得這個道理。揚雄《太玄》：“車軨馬駖可以周天下。”范注：“駖，尾結。”即把馬尾捆結起來。這是説遠行天下必髻其馬尾。

《釋文》：“駖音介，馬尾髻也。”《左傳》“鞍之戰”“不介馬而馳之”的“介”，其實正是“駖”字。正確理解“不介馬”這句話，需要與“鞍之戰”的上下文聯繫起來。齊侯“不介馬而馳之”這一行動不是偶然發生的，是他狂傲輕敵的必然做法。而這一行動合乎情理地導致了下文“驂絓於木而止”的結果。就是因爲馬尾巴不挽結，所以處於車邊的驂馬，它那來回甩動的尾巴被挂到樹上了。齊侯的戰車無法前進了，他的御者逢丑父在前些時候又被蛇咬傷了手臂，“故不能推車而及”，這樣，齊侯就做了晉軍的俘虜。

説"雉"

　　《左傳·隱公元年》著名的文章《鄭伯克段于鄢》中説："都城過百雉,國之害也。"《公羊傳·定公十二年》又説:"家不藏甲,邑無百雉之城。"在這些地方,"雉"都是古代的一種丈量單位。一雉究竟是多少? 説法不一。《公羊傳》説:"五板而堵,五堵而雉。"何休注:"八尺曰板,堵凡四十尺","(雉)二百尺。"這是僅就長度説的。鄭玄注《周禮》,明確説"雉"是面積單位,長三丈,高一丈。杜預注《左傳》從鄭玄之説,認爲"方丈曰堵,三堵曰雉,一雉之墙長三丈,高一丈"。他們的説法哪個更切合實際點,且不去分辨,這裏主要解決一個"雉"的詞義問題。

　　"雉"從"隹",是鳥名,與丈量義無關,它顯然是個聲借字。《周禮·地官·封人》:"凡祭祀,飾其牛牲,設其楅衡,置其絼,共其水槀。"鄭衆注:"絼,著牛鼻繩,所以牽牛者,今時謂之雉,與古者名同。"《經典釋文》説:"絼,本又作紖。"這給了我們綫索,原來"雉"是"絼"和"紖"的借字。《説文》没有"絼"字,只有"紖"字,訓"牛系",也就是牽牛的繩。顧野王的《玉篇》有"絼"字,並説:"絼,字書亦紖字也。"以《説文》爲正字標準的人説"紖"是正字,"絼"是別體;鄭玄注《周禮》又説"字當以豸爲聲",又認爲"絼"是正字。我們只把"紖"和"絼"看成異體字也就行了。兩字都讀"直引切",今讀 zhèn。上古音"紖"、"雉"雙聲,"紖"在"痕"韻,"雉"在"灰"韻,韻對轉,聲近而借用。

　　"綯"或"絼"是拴在牛鼻子上的繩子。《禮記·少儀》説："犬則執緤","牛則執絼,馬則執靮。"《祭統》又説："及迎牲,君執絼。"可見牽牛繩的重要性。《説文》："縱,以長繩繫牛也。"《玉篇》又作"摤",訓"長引也"。可見古代牽牛的繩是很長的,牽時繞成小圈拿在手上,需要放長時可以放開。"雉"就是這種繩子。

“且”和它的同源詞釋證

把握詞義的特點,是認識詞義時以簡馭繁、提綱挈領的方法。

詞義的特點是客觀存在的,但是,孤立地看一個詞,往往不易看清,必須用繫聯同源詞的方法,通過比較和歸納,才能看清。

文獻語言和古書注釋提供了許多綫索,從形、音、義諸方面看,“且”(俎)與“爿”(牀)、“籍”、“席”、“苴”、“菹”、“蔣”(即《説文》的“藉”)、“舄”、“不借”等詞有同源關係。

“且”本爲古“俎”字。《詩·魯頌·閟宮》:“籩豆大房。”鄭箋:“大房,玉飾俎也。其制足間有横,下有柎,似乎堂後有房然。”《説文》十四卷上:“且,薦也。从几,足有二横,一其下,地也。”是鄭説“俎”形與許説“且”形相合。上溯金文甲骨,“且”金文《秦公敦》作圓,《貉子卣》作𝑨,《祖丁卣》作𝑨,《邾鐘》作𝑨,而甲骨作𝑨(《書契菁華》第三葉)、𝑨𝑨(前書第三十七葉),可知“且”的甲骨文與金文相同,與《説文》“俎”相似。《説文》:“俎,禮俎也,从半肉在且上。”這説明“且”即“俎”,爲古代禮祭和薦肉之器。

而“且”(俎)與“爿”(牀)同源,“爿”即古“牀”字。“且”韻在“模”,與“牀”在“唐”韻恰爲對轉音。徐鍇《説文繫傳》中,“且”重文作“⌷”(或“𝚰”),云:“‘⌷’(或‘𝚰’),古文以爲且,又以爲几字。”《玉篇》與鍇本同,表明徐鉉《説文》奪此十一字。黄侃先師指出:“且又以爲几字者,以爲爿字爾。”《説文》無“爿”

字,而從"爿"得聲之字甚多。《説文》七卷下:"爿,倚也。人有疾病象倚著之形。"人有疾病賴以倚著安臥者乃牀簀之屬。《説文》六卷上:"牀,安身之坐者。从木,爿聲。"今俗謂久病不起爲"落床"。由是知"爿"即"牀"之古文。"爿"的字形應作Ⅱ,上象簀,下象直柎,有薦籍及支柱,故病人可倚著安臥之。這是體現了"爿"造字意圖的筆意,後來寫作直立的"爿",則是筆勢之變了。

"俎"與"牀"存在着外部特徵上的相似點,和職能上的某些共同點。

首先,二者都是存籍之器,俎爲祭祀時薦肉的禮器,牀是薦人身之依據。它們都處於被薦物的下部,這是外部特徵上的相似點。

其次,俎所薦者多爲可食的熟肉,《詩·鄭風·女曰鷄鳴》:"弋言加之,與子宜之。"《毛傳》:"宜,肴也。""宜"從"且","且"所以盛肉,故《説文》"肴"下徐鍇云:"謂已修庖之可食也。"又《説文》七卷下:"宜,所安也。"《毛傳》以"肴"訓"宜",是着眼於"且"所盛之物,《説文》以"所安"訓"宜",是着眼於"且"所盛之物的作用,兩家的訓釋在根本上是統一的。《説文》"宀"下説:"人之飲食器,所以安人。"也是就飲食器所盛之物的作用而言。而"牀",《説文》則訓爲"安身之坐者"。可見,無論"俎"或"牀",其作用都是"安人",這正是它們在職能上的一個共同點。

"俎"與"籍"、"席"、"苴"、"菹"、"蔣"同源,除了它們之間明確的聲音關係外,也是因爲彼此存在着這樣的相似點和共同點。《説文》:"藉,祭藉也。""席,籍也。禮,天子諸侯席有黼繡純飾。"①"席"與"籍"是鋪於地階者,外部特徵與"俎"相似,也是

---

① 籍即藉,古"竹"、"艸"隷變偏旁不分。

處於下基的位置。同時，"籍"、"席"也是薦身安人之物，這是在職能上與"俎"相同的地方。"苴"（《説文》："履中艸也。"）、"菹"（《説文》："茅藉也。……禮曰：封諸侯以土，菹以白茅。"）所處的位置、所起的作用，也是如此。至於"蔣"，則和"籍"、"席"爲同物。《廣雅·釋器》："蔣，席也。""蔣"與"席"、"薦"一類語詞在文獻中常常同義連用。如《韓非子·十過》："縵帛爲茵，蔣席頜緣。"《夏小正傳》："荼也者，以爲君薦蔣也。""荼，蘿蕐之秀爲蔣褥之也。""蔣"既爲薦籍之物，因而亦與"俎"有聯繫。

"俎"與"舄"、"不借"也存在着音與義的聯繫，其聯繫的條件是"籍"、"踐"相關。漢伏勝《尚書大傳》："踐之者，籍之也。""籍"與"踐"不僅有雙聲關係，而且從意義上看，是一個動作的兩個方面，是施受同出一源。這種特定的動作和施受關係，集中體現在"屨"上。《詩·小雅·車攻》："赤芾金舄。"《毛傳》："舄，達屨也（達之言重沓也）。"《豳風·狼跋》："赤舄几几。"《毛傳》："赤舄，人君之盛屨也。""舄"，漢人又叫"不借"。《儀禮·喪服傳》："繩屨者繩菲也。"鄭注："繩菲，今時不借也。"《方言》四："扉（音翡）、屨，粗履也。徐、兖之郊謂之扉，自關而西謂之屨。中有木者謂之複舄，……麻作者謂之不借。""舄"、"不借"之爲"屨"，是薦籍人足之物，其位置在人足之下，亦安身之具，所以與"俎"存在着聯繫。

詞義不僅相互聯繫，而且相互作用，詞義的相互聯繫與相互作用是密不可分的。分析詞義的相互作用需要憑藉詞義相互聯繫的綫索與條件，而認識詞義的相互作用又有助於加深理解詞義相互聯繫的方式及詞義的發展與源流關係。

　　“俎”、“牂”、“籍”、“席”等詞在相互作用之中，構成了有體系的義列。

　　在這種義列中，俎（且）是語根。祭祀是古人大事之一，祭祀時作爲盛肉禮器的俎，它的特徵、作用、含義引起人們注重是必然的，人們把“俎”及有關事物進行類比，加以聯想，於是從“俎”出發，派生出一系列的語詞來。

　　“俎”與“牂”特徵相似，職能有相同之處，因而在開始時，人們就借用“且”來表示“爿”，後來爲了區別，“且”音稍變而成“爿”（後寫作“牂”），這即是章太炎先生説的：“且字古文以爲几字者，非竟讀之如几，乃以爲爿字耳。‘且’、‘爿’魚陽對轉，蓋亦一字異聲。”

　　人們用“俎”薦祭肉，又用“籍”、“席”薦人或物，等等。怎樣表示這些詞義呢？古人經過類比、聯想，發現了其中的聯繫，就在“俎”的義和音的基礎上，通過引申或借用的途徑發展“俎”的詞義，並采用與“俎”有關的音與形表示這些詞義：

　　祭祀時薦肉者爲“俎”，薦人身者爲“籍”；而在一般情況下，薦人身者則爲“席”。“籍”、“席”古同韻。顯然，“籍”、“席”是“俎”的引申。

　　分封諸侯土地時，用白茅薦土以象徵之，則用“菹”來表示。

　　屨中墊草以薦人足，則稱之爲“苴”。“菹”、“苴”皆從“且”得聲，蓋由“且”發源而出。

　　“蔣”也是“籍”、“席”。從形、音、義上追索其演變軌迹，乃因“且”借用爲“牂”，遂由“牂”引申出“蔣”。

　　“舄”，《説文》云：“誰也。象形。雒，篆文舄從隹、昔。”這説明“舄”是這樣產生的：先由“且”引申爲“籍”，並借用“籍”聲，然後將"籍"之意義引申到特指"屨"①。又，"舃"（誰）即"不借"，而"不借"即"借"（季剛先師指出，不借，"不"爲發語詞，無義）。"籍"、"誰"、"借"皆從"昔"字得聲，可以認爲這是它們意義引申在聲、形上的一種反映。

以上的分析告訴我們，"且"與"籍"、"席"等詞有着密切的内在聯繫。"且"作爲語根和發源詞，影響與制約着它的派生詞"籍"、"席"等的産生與發展。而"籍"、"席"等的語音形式、文字形式與特定内容，又反襯與明確了"且"的確切含義。

早期造詞時所反映的詞義特點，是人們的經驗性聯想使然。

在古代"且"曾用爲"祖"。鐘鼎款識中祖戊觶"祖"、"且"爲一字。齊子仲姜鎛"祖"爲"且"之重文。盄和鐘直以"且"爲"祖"。《禮記·檀弓上》説祖奠亦云"夫祖者，且也"。

"且"用爲"祖"，意義爲"始"。《爾雅·釋詁》："祖，始也。"《説文》："祖，始廟也。"《墨子·經説》："自前曰且，自後曰已。"

"且"既爲"俎"，意義爲"薦"，又爲"祖"，意義爲"始"。前面説過，"且"（俎）與"牀"、"籍"、"席"的相似點，即它們的外部特徵，是處於被薦物的下部。而處於事物下部的東西，從生長的觀點來看，古人想象爲正是事物之"基"、事物之"本"。例如：《説文》："本，木下曰本，從木，一在其下。"（着重號爲引者所加，下同）《論語》："君子務本。"《集解》："本，基也。"《説文》："止，下基也。""阯，基也。"段注："止者，草木之基也。"《釋名·釋丘》："阯，基阯也，言所出然。"古人的這種認識不是憑空想象得來的，而是從自然界生長現象中感知到的，《説文》："耑，物初生之題

---

① 或説：爲"屐"的借字。《説文·履部》："屐，履屬。從履省，予聲（徐吕切）。"

也,上象生形,下象基根也。"

由於"下基"、"本根"是事物的源頭,現象的發端,因而古人從"下基"、"本根"聯想到"初始",這樣,"基"與"本"就有了"始"義。正如《毛傳》、《爾雅·釋詁》、《國語·周語》所説:"基,始也。"《廣雅·釋詁》:"本,始也。"

"下基"、"本根"爲"始"經過古人的聯想,同反映有關事物、現象的詞義相結合,從而派生出一批以"基(本),始也"爲共同特點而又互相區别的語詞來:

第一,"基,始也"具體到人類生息、人倫代序,就表現爲"且(祖),始也"。因爲人生之原始應上溯到祖先。如《爾雅義疏》所言:"祖者人之始。"古代漢民族建立宗廟,設置祐主,體現了"養終追始"之意。這就是我們在前面引用的《爾雅》"祖,始也",《説文》"祖,始廟也"這一類詞義産生的由來。

第二,由"祖"派生出"姐"。"祖,始也。""姐,母也。"《説文·女部》:"姐,蜀謂母曰姐,淮南謂之社。从女,且聲。"呼母曰"姐"不僅周秦兩漢,亦不限於蜀方言。南宋高宗趙構之后吴氏乃呼欽宗妻韋后爲"大姐",今之閩南漳州一帶尚有稱母爲"阿姐"的。"姐"與"祖"同從"且"得聲,"姐"亦始義。《爾雅·釋詁》:"胎,始也。"《禮記·檀弓下》:"君子念始之者也。"始之者即胎之者,謂其母也。呼母曰"姐"是母系社會之遺俗,母系社會但知有母不知有父,故母爲始,即祖也。這説明"姐"是"祖"的派生詞①。

第三,由"且(祖),始也"還派生出"將(戕),預謀殺人"的意

---

① 舊稱貴族少女曰"小姐",此則"妎"之借字。《説文·女部》:"妎,少女也,从女,㑒聲。""妎"音"坏下切",如"姐"之讀"側加切"。

義。上面已經分析，且爲下基，基引申出始義，而古代文獻語言表明：基訓始，又訓謀，始、謀之義有相通之處（見《爾雅·釋詁》）。因而"且"經過引申可以産生"預謀"之義。"祖"爲人倫之始基，"預謀殺人"爲肇事之始基，二者雖所指不同，但都包含着"始基"的義核，人們通過聯想，自然會把它們聯繫起來。

它們在意義上的引申有着聲音上相通的條件："且"與"將"對轉同音；又有文獻語言實際運用的例證，如《公羊傳·莊公三十二年》：

> 俄而牙弑械成。季子和藥而飲之。曰："公子從吾言而飲此，則必可以無爲天下戮笑，必有後乎魯國。不從吾言而不飲此，則必爲天下戮笑，必無後乎魯國。"於是從其言而飲之。飲之無儣氏，至乎王堤而死。公子牙今將爾，辭曷爲與親弑者同？君親無將，將而誅焉。

其中，"將"正爲預謀殺親之義。《晋律》以預謀殺人爲"戕"，"戕"即"將"字。張裴《晋律序》也説"將害未發謂之戕"。"將"還發展出"他國人來殺君"的意義，則是"預謀"義的引申。因爲，他國人來殺君，必有預謀，如無，則不敢貿然來殺。

繫聯"且"和它的同源詞，可以看出新詞派生所依循的語義特點和語音綫索，又可以看出同源詞之間相互聯繫與相互區別的客觀狀況。這説明繫聯同源詞是一項在理論上和實踐上都很有意義的工作。

"起"、"興"、"翕"同源考

　　"起"與"興"的意義是相通的,分析比較《説文》中訓釋詞與被訓釋詞的關係,並翻檢古代文獻注釋,可以看到"起"、"興"在意義上的聯繫:

　　　　《説文·舁部》:"興,起也。"

文獻中也把"興"訓爲"起",如《尚書·益稷》:"率作興事。"注:"天子率臣下爲起治之事。""起"也訓爲"興",如《吕覽·直諫》:"百邪悉起。"注:"起,興也。"

　　　　《説文·心部》:"愑,起也。从心,畜聲。《詩》曰:能不
　　　　我愑。"

《説文》此條依據的"能不我愑",見於《詩·邶風·谷風》:"不我能愑。"《毛傳》:"愑,興也。""愑",《毛傳》訓"興",《説文》訓"起",這也説明,"起"包含着"興"義。

　　"起"、"興",都屬於概括詞義;它們是在另外一些相關的體現着鮮明形象特徵的具體詞義基礎之上抽象而成的。考察這些富於形象性的具體詞義,有助於深入理解"起"與"興"的同源關係。

　　"起"、"興"的具體詞義體現什麽樣的形象特徵呢?

　　　　《説文·走部》:"起,能立也。"

“起”爲“能立”之義，而包含“立”這一意義的，還有“侸”、“尌”、“豎”等詞：

> 《人部》：“侸，立也。从人，豆聲，讀若樹。”
> 《壴部》：“尌，立也。”
> 《臤部》：“豎，豎立也。”（《説文通訓定聲》本“豎立”作“堅立”。）

“侸”、“尌”、“豎”都含有“立”的意義，是同義詞。《説文》“侸，立也”下段玉裁注云：“侸，讀若樹，與尌、豎音義同。”

包含“立”義的“侸”“讀若樹”，與“尌”音義同，而從“尌”得聲的“樹”、“澍”均有“産生”的意義：

> 《木部》：“樹，生植之總名，从木，尌聲。”
> 《水部》：“澍，時雨澍生萬物。从水，尌聲。”

所以，在古人心目中，“立”的意義與“生”的意義是相通的。

需要指出的是，《説文》“起，立也”所包含的“生”義，不是一般意義的“生”，而是“始生”。在文獻傳注中，“起”、“始”、“生”的意義是互相包含的：

> 《説文·人部》：“作，起也。”而《廣雅·釋詁》：“作，始也。”《詩·周頌·天作》：“天作高山。”傳：“作，生。”《禮記·檀弓下》：“君子念始之者也。”注：“始猶生也。”

這裏附帶説一下，“起、立”之義既包含有“始、生”之義，那麼《説文》開篇第一個字“一”的訓釋是“惟初太極，道立於一，……”（段注本），其中“道立於一”就應理解爲“道始生於一”才對。《説文》稱“道立於一”，而《漢上易傳》稱“道始於一”，這也是“立”、“始”相通的例證。

"起、立"爲"始、生",而"始、生,"必然含有"動"的意義:

> 《説文·人部》:"作,起也。"《力部》:"動,作也。"

草木"初生"與"萌動"是緊密聯繫的,古人認爲這是"陽氣動、雷電振"的結果:

> 《説文·辰部》:"辰,震也。三月陽氣動,雷電振,民農時也,物皆生。"(《廣雅·釋詁》:"振,動也。")

動物的始生叫做"妊娠","妊娠"即是"身動":

> 《説文·女部》:"娠,女妊身動也。"

"始生"的"動"義體現於不同的事物,則有各個具體的形象義。例如,體現於草木的萌生,其詞義爲"生":

> 《易·繫辭》:"效天下之動者也。"虞注:"動,發也。"

草木萌生的"發",是指埋藏於地下的子芽"徹"發土層,破土而出:

> 《説文·力部》:"勶,發也。""勶"與"屮"、"徹"通。
>
> 《説文·屮部》:"屮,艸木初生也,……讀若徹。"徐鉉注:"象艸木萌芽通徹地上也。"

草木萌芽通徹地上之"發",正是《説文》"起"、"興"這兩個概括詞義的一個形象義。這一形象義的特徵是"有力"。有力才能徹發土層,破土而出。《説文·舁部》:"興,起也。從舁,從同,同力也。""勶"亦從"力",都反映出"發"的形象特徵。"起"、"興"正是在"有力"這個形象特徵上同源。後來,"發"的意義雖然有了引申,但"起"、"興"仍可訓爲"發",這種例證在古代文獻中是比較多的。如：

> 《左傳·昭公二十六年》：“王起師于滑。”注：“起，
> 發也。”
>
> 《論語·八佾》：“起予者，商也。”皇疏：“起，發也。”
>
> 《周禮·考工記·弓人》：“末應將興。”注：“興猶動也，
> 發也。”

“始生”、“始動”義表現於草木，是“發”；表現於鳥，則是
“舉”。這是《說文》“起”、“興”這兩個概括詞義的又一個形
象義：

> 《說文·羽部》：“𦐅，飛舉也。”
>
> 《文選·張衡·西京賦》：“鳥不暇舉。”注：“舉，飛也。”

“發”與“舉”所反映的事物雖有區別，但意義是相同的。正如
《廣雅疏證》卷一所云：“發與舉同義。”

“發”與“舉”不僅同義，而且同源。爲了說明這個問題，需要
提到“翕”：

> 《說文·羽部》：“翕，起也。從羽，合聲。”段注：“《釋
> 詁》、《毛傳》皆云：翕，合也。許云‘起也’者，但言‘合’則不
> 見‘起’，言‘起’而‘合’在其中矣。‘翕’從‘合’者，鳥將起
> 必斂翼也。”

“斂翼”的作用是什麼？朱駿聲說得很明確，是“作勢”：

> 翕，起也。從羽，合聲。鳥將起，必先斂翼作勢。（《說
> 文通訓定聲》）

“作勢”即“用力”，這與草木萌生時徹發土層之“有力”是相通

的。有力,事物才能"起"、"興"。正是在"有力"這個核心意義上,"起"、"興"、"翕"三個詞有個同源關係。《説文》"起"、"興"包含着"翕"義,在文獻用例中,"翕"常常體現出"起"、"興"之義。如:

> 《夏小正》:"螟之興,五日翕。"

爲了深入探求"起"、"興"、"翕"的同源關係,需要進一步説明爲什麽"翕"從"合",以及"鳥將起必翕翼"的問題。

前面説了,"鳥翕翼"是爲了"作勢",而"作勢"的方式則是"聚"。

"翕"從"合",而"翕"、"合"都含"聚"義、"斂"義:

> 《方言》三:"翕,聚也。"
>
> 《荀子·議兵》:"伐翕伐張。"注:"翕,斂也。"
>
> 《詩·民勞》箋:"合,聚也。"

聚斂、聚合,就意味着"包含"。

> 《説文·马部》:"马,嘾也,艸木之華未發函然。……讀若含。"又《口部》:"嘾,含深也。"
>
> 《釋名·釋飲食》:"含,合也。"

上文已談到草木萌生叫做"發"。這裏《説文》説"未發"叫做"函"(含),《釋名》又訓"含"爲"合",可見,"含"就是"未發"之前的"聚合"。

動物在出生之前也要"聚合",這就是"包"、"孕":

> 《説文·包部》:"包,象人裹妊。巳在中,象子未成形也。元氣起於子,子,人所生也。"

《説文·子部》："孕,裹子也。"

"聚合"、"包含",又與"積實"同義：

《左傳·文公十八年》："聚斂積實。"

《國語·楚語》："令尹問蓄聚積實。"

《公羊傳》："含者何？口實也。"

"積實",則象徵着"充滿"：

《小爾雅·廣詁》："實,滿也。"

《素問·調經論》："有者爲實"。

朱駿聲《説文通訓定聲》："故凡中質充滿皆曰實。"

至此可以明白,翕從合,鳥起飛之前必斂翼,都是表明聚合力量,待力量充滿之後展翅而起。

所以,"翕"的確切含義應是"斂翼作勢",換言之,是"聚合力量以便起飛"。"翕"是起飛的必然方式,是起飛的一個步驟。因而段玉裁説"言'起'而'合'在其中矣"。這種方式、步驟符合一切生物始生、始動時先"斂"後"發"的規律。"翕"與"起"(即"斂"與"發")是對立的,又是統一的,這一對語詞的關係,是反正義同源的關係。

“咸”、“諴”、“協”、“恊”、“勰”同源考

“咸”的意義,有人認爲是“滅”。清宋保《諧聲補逸》云:

> 今本《説文》云:“咸,皆也,悉也。从口从戌。戌,悉
> 也。”按《説文》“戌”字訓云“滅也”,“咸”字訓云“滅也”。
> “戌”與“悉”義不相關合。“戌,悉也”當是“戌,滅也”之
> 訛。……“咸”從“戌”得聲者,咸、戌一聲之轉。“咸”亦寓
> 有“威”義。《尚書·君奭篇》曰:“咸劉厥敵。”保謂“咸劉”
> 猶“虔劉”。《説文》:“𢧅,絶也。讀若咸。”此其證。王庶子
> 伯申《經義述聞》解“咸劉厥敵”之文與鄙意適合符節。……
> 庶子又引《逸周書·世俘篇》及《漢書·律曆志》“咸劉商王
> 紂”,皆“滅”也。

宋保認爲“咸”義爲“滅”,是因爲“咸”與“戌”一聲之轉,
“戌”訓“滅”,故“咸”亦寓有“滅”義。案宋保之説甚誤。第一,
咸、戌無一聲之轉之理。“咸”在匣母覃韻,“戌”在心母曷韻,聲
與韻皆不能相通。第二,“咸”字從口,甲骨金文皆如此。倘若
“咸”訓爲“滅”,則不能解釋“咸”從口之故。第三,《説文·戈
部》:“𢧅,絶也。一曰田器。从从,持戈,古文讀若咸,讀若《詩》
云:攕攕女手。”《説文》云“𢧅”“古文讀若咸”,是説𢧅、咸古文通
借。這裏所謂“古文”,是指《古文尚書》。《説文》又云“𢧅”“讀
若攕攕女手”,則是引用成語來説明讀音。這些,都並不是表明
“咸”有“絶滅”之義。章太炎先生《文始》采用宋保之説,亦屬

謬誤。

案許慎解説"咸"字之義,本於《周易·咸卦》。《咸卦》言:"咸其拇","咸其股","咸其腓","咸其輔、頰、舌。"又云:"象曰:咸,感也,柔上而剛下,二氣感應以相與。"孔疏:"咸,感也,此卦明人倫之始、夫婦之義,必須男女共相感應,方成夫婦,既相感應,乃得亨通。"

可見,"咸"訓爲"感",是指剛柔二氣相互感應。這種感應,首先在於接觸。《莊子·山木》:"感周之顙。"李注:"感,觸也。"又,"咸"字亦作"喊",《法言·問神》:"狄牙能喊。"注:"喊,哂物聲也。"這些都表明,"咸"是以口互相接觸、感觸,亦即今接吻之義。

剛、柔雖爲不同性質的"二氣",但就其大的類別而言,又屬於同類,因而能夠發生感應,並產生共同效應。正如孔疏所説:"凡感之爲道,不能感非類者也,……(感)同類之義也。"發生感應的雙方既爲"同類",《説文·冃部》:"同,合會也。"因而"咸,感也"包含有"同"、"合"之義。由此,"咸"之"同"、"合"還可以引申出"和"、"協"的意義。《詩·棠棣·序》箋:"周公吊二叔之不咸。"疏:"咸,和也。"《説文·劦部》:"協,衆之同和也。"《周語》:"紀農協功。"注:"協,同也。"《書·堯典》:"協和萬邦。"傳:"協,合也。"《洪範》:"協用五紀。"傳:"協,和也。""咸"、"協"在"和、合"的義項上同義,並且"咸",古屬匣母覃韻,"協"匣母帖韻,"咸"、"協"一聲之轉,二者有同源關係。

《説文》"諴"義爲"和",又從"咸"得聲,則"諴"也與"咸"同源。

《説文》"恊"、"勰"也有"和"的意義,又與"協"一樣同從

"劦聲"（依《説文通訓定聲》本："協，衆之同和也。从劦、从十會意，劦亦聲。""恊，同心之和也。从劦、从心會意，劦亦聲。""勰，同思之和也。从劦、从思會意，劦亦聲。"），因此，"咸"、"協"又與"恊"、"勰"同源。

　　"咸"，《説文》訓爲"皆也，悉也"（見《口部》），《爾雅》也訓爲"皆也"（見《釋詁》）。古代文獻中，"皆"、"悉"確實是"咸"的常用意義。但這個意義與我在上文解釋的"咸"爲"以口互相接觸、感觸"的意義並不矛盾。因爲，如上文所言，"咸"的"接觸、感應"義包含着"同和、協和"的核心意義，而"皆"的核心意義也是"同和"。《説文·白部》："皆，俱詞也。"《小爾雅·廣詁》："皆，同也。"《説文·人部》："偕，一曰俱也。"《管子·幼官》："偕度量。"注："偕，同也。"從"皆"得聲的"諧"，《説文·言部》訓爲"詥也"，《爾雅·釋詁》訓爲"和也"，《周禮·調人》："掌司萬民之難而諧和之。""諧"與"和"連用。因此，"咸"的"接觸、感應"義與"皆、悉"義並不矛盾，在核心意義上是統一的。

從"卑"、"罷"得聲的詞

"卑",《説文》訓"賤也,執事者"。"罷",《説文》訓"遣有辠也"。單從《説文》這兩個訓釋上看,我們無法確定"卑"與"罷"在音、義上有什麽樣的聯繫。如果從讀音入手繫聯與比較從"卑"、"罷"得聲的詞,就可以發現這些語詞有着同一個核心意義,它們之間存在着同源的關係。

從"卑"得聲的有"錍"。《説文·金部》:"錍,鈭錍也。""鈭,鈭錍,斧也。"桂馥説:"鈭錍,短斧也。""鈭錍",《廣雅》作"牌㧓",云:"牌㧓,短也。"這説明,"鈭錍"是迭韻連語,核心意義爲"短小"。《説文》訓"鈭錍"爲"斧",其實是小斧,或者是短柄斧子(錢坫認爲,"《考工記》注'齊人謂斧柯柄爲椑',即此字")。

而"鈭錍"在《方言》中作"啙㜽"。《方言》卷十:"啙㜽,短也。江湘之會謂之啙。凡物生而不長大亦謂之啙,又曰瘵(郭注:今俗呼小爲瘵)。桂林之中謂短㜽(郭注:言㜽雅也)。㜽,通語也。"將《説文》與《方言》對照,可知"錍"與"㜽"通。

"錍"與"㜽"通,亦即"卑"與"罷"同音互借。這方面的例證很多,如:《説文·冎部》:"髀,……卑聲,讀若罷。"《周禮·夏官·司弓矢》:"恒矢庳矢。"注:"鄭司農云:庳矢讀爲人罷短之罷。"《説文·手部》有"捭"字,玄應《一切經音義》引作"擺"。

"卑"與"罷"不僅音同,而且從"卑"、"罷"得聲的詞在意義上也相通,都含有"短小"之義:

《爾雅·釋畜》:“犤牛。”郭注:“犤牛,庳小,今之㹀牛也。”稷,今名小米,《説文·雨部》:“霉,稷雪也。”段注:“謂雪之如稷者”,“俗謂米雪,或謂粒雪皆是也。”“稷雪”,以雪粒細碎如小米而得名,核心意義爲“小”。稷牛(犤牛)即謂細小之牛。

《方言》云:“犤,短也。”猶庳也。郭注“庳小”是也。

《説文·立部》:“竮,短人立竮竮皃。从立,卑聲。”段注:“竮竮,短皃。竮之字或作罷。”

《説文·犬部》:“猈,短脛犬,从犬,卑聲。”段注:“猈之言卑也,言犤㹀也。”

從“卑”、“罷”得聲的詞與從“付”得聲的詞在音、義上也相通。例如,含“短小”義的“犤”,《方言》卷十又云“謂之㹀”。從“付”得聲的詞,也多有短小之義。《漢書·黥布傳》:“爲天下安用腐儒哉!”“腐儒”即短小儒。古人言及短小,往往兼表見識愚陋之意。顏師古注“腐儒”之“腐”爲“爛敗”之義,實屬望文生訓。

從“卑”從“罷”得聲的語詞,大多數含有一個核心意義——“短小”,這些語詞也就在“短小”之義上同源。即以“卑”義而論,《説文·𠂇部》:“卑,賤也,執事者。”(見段注本)執事者,古代爲皋人:《宀部》:“宰,皋人在屋下執事者。”而古之皋人爲奴婢,《女部》:“奴,奴婢,皆古之皋人也。”奴又叫童妾:《辛部》:“童,男有皋曰奴,奴曰童,女曰妾。”童又稱童僕豎(僕亦爲執事者),《史記·酈生陸賈列傳》索隱:“豎者童僕之稱。”江文通雜體詩注:“豎猶小也。”《荀子·大略》:“衣則豎褐不完。”注:“僮(應爲“童”——引者注)豎之褐,亦短褐也。”又《左傳·僖公二十二年》:“公卑邾。”注:“卑,小也。”這些都説明,“卑”的意義也是來源於“短小”。

"通"、"達"之別

在古今漢語中,"通"與"達"都是使用頻率很高的詞,依照
"散文則通,對文則別"的原則,"通"、"達"可以互相訓釋,但二
者畢竟不完全相同。按《説文》二卷下:"通,達也。""達,行不相
遇也。"可見"通"與"達"是有區别的。二者之别,《説文》没有直
接講出;今天"釋義力求簡明確切"(《辭源》(修訂本)"出版説
明")的《辭源》只是説"通,到達"(3061 頁),"達,通"(3077
頁),也没有顯示出二者的區别。本文則試圖探求"通"與"達"
本義的區别。

古代文獻中大量的、富有規律性的用例顯示了"通"與"達"
不同的詞義特點。

一、"通"的詞義特點

(一)"通"涉及的對象,大多是互相矛盾的兩個方面。例如:

《易·繫辭上》:"通乎晝夜之道。"(《十三經注疏》77
頁。以下簡稱《注疏》。着重號爲引者所加。下同。)

《穀梁傳·定公元年》:"通乎陰陽。"(《注疏》2443 頁)

《初學記》卷第十三《社稷第五》:"通天地。"(326 頁)

《周禮·春官宗伯·大祝》:"作六辭,以通上下、親疏、
遠近。"(《注疏》809 頁)

司馬遷《報任安書》:"究天人之際,通古今之變。"

《詩·周南關雎詁訓傳第一》疏:"詁訓者,通古今之異辭。"(《注疏》269頁)

《左傳·昭公二十五年》:"通外內而去君。"(《注疏》2110頁)

《左傳·襄公十六年》:"通齊楚之使。"(《注疏》1963頁)

《左傳·成公七年》:"乃通吳于晉。"(《注疏》1903頁)

《漢書·張騫李廣利傳》:"漢欲通西南夷。"(2690頁)

《公羊傳·莊公二十七年》:"公子牙通乎夫人。"(《注疏》2239頁)

(二)"通"的反義詞,是"塞"、"隔"、"阻":

"塞"是"通"的反義詞:

《易·節》:"不出戶庭,知通塞也。"(《注疏》70頁)

《切韻·序》:"論南北是非,古今通塞。"

《釋名·釋疾病》:"涕久不通遂至窒塞也。"

《荀子·王霸》:"涂薉則塞。"注:"謂行不通也。"

《管子·明法》:"下情不上通謂之塞。"

《漢書·刑法志》:"疑塞治道。"注:"謂不通也。"

而"塞"與"隔"、"阻"同義:

《說文》十三下:"塞,隔也。"十四下:"隔,塞也。"

《呂氏春秋·有始》:"山有九塞。"注:"險阻曰塞。"

因此,"隔"、"阻"也是"通"的反義詞。

將上述(一)(二)聯繫起來,可知:當"通"所涉及的兩個矛盾方面處於對立狀態時，就構成"塞"、"隔"、"阻"。

（三）"通"解決"塞"、"隔"、"阻"的方式是：

首先，讓處於對立狀態的矛盾雙方"變通"、"會通"：

> 《易·繫辭下》："窮則變，變則通。"疏："言易道若窮則
> 須隨時改變，所以須變者，變則開通。"《注疏》86 頁）

> 《易·繫辭上》："變通配四時。"（《注疏》79 頁）

> 《易·繫辭上》："通變之謂事。"疏："物之窮極，欲使開
> 通，須知其變化，乃得通也。"《《注疏》78 頁）

可見，"塞"、"隔"、"阻"出現時，就是"困窮"之"窮"。只有改變
"塞"、"隔"、"阻"（窮）的狀態，才有可能開通。這即是"變通"。

怎樣"變通"，就是使對立的雙方總聚會合起來：

> 《易·繫辭上》："通其變。"疏："通其變者，由交錯總聚
> 通極其陰陽相變也。"（《注疏》81 頁）

> 《易·繫辭上》："聖人有以見天下之動，而觀其會通。"疏：
> "既知萬物以此變動，觀看其物之會合變通。"（《注疏》79 頁）

這說明，"變通"即是"會通"。

其次，是把總聚會合的矛盾加以"貫通"、"穿通"。

在古人心目中，會通矛盾並不是讓對立的方面會合攏來就
行了，而是要把它們貫穿起來。古代文獻中，"通"與"貫"常常是
同義連用或對等使用的：

> 許冲《進書表》："自《周禮》、《漢律》，皆當學六書，貫通
> 其意。"（《說文》320 頁）

> 《荀子·勸學》："誦數以貫之，思索以通之。"

> 《史記·樂書》："禮樂之說貫乎人情矣。"《正義》："貫

猶通也。"（1202 頁）

而"貫"，又與"穿"同義連用，"貫"即意味着"穿"：

> 《説文》十一下："川，貫穿通流水也。"
>
> 《説文》七上："毌（"貫"的本字——引者注），穿物持之也。"

所以，"通"就是"穿通"。這個意義，《説文》是反復申説的：

> 《説文》七下："穿，通也。"二下："叚，通也。"十四下："疏，通也。"

古人把"通"的"穿通"義描繪得很具體形象：

> "疏"下段注："疏與叚音義皆同。皆从疋者，疋所以通也。鄭注《月令》、《明堂位》，薛解《西京賦》，張注《靈光殿賦》皆訓疏爲刻鏤。"（744 頁）
>
> "叚"下段注："薛注《西京賦》曰：疏，刻穿之也。"（85 頁）
>
> 《説文》："穿，通也。从牙在穴中。"段注："《召南》曰：誰謂鼠無牙，何以穿我墉？"（344 頁）

以上説明，"通"包含的"穿"義，是像"刻鏤"那樣鍥而不舍地鑿穿之，又像"鼠穿墉"那樣連續不斷地齧穿之。

又其次，"穿"的"穿通"義意味着"徹除"。即把障礙撤去，將阻塞穿通。

> 《説文》三下："徹，通也。从彳、从攴、从育。徹，古文徹。"

從形、音義結合的觀點看，"徹"的本義指食畢撤去酒肉。楊樹達認爲：

> 《孟子·離婁上》篇云："曾子養曾晳，必有酒肉；將徹，
> 必請所與；問有餘，必曰有。曾晳死，曾元養曾子，必有酒
> 肉；將徹，不請所與，問有餘，曰亡矣。"……（徹）字从攴。
> 攴，古文多作又，謂手也。从育者，育从肉聲，假育爲肉也。
> 从攴、从育、从彳，謂手持肉而他去也。或从鬲者，古人鼎鬲
> 互用不別，肉指其物，鬲指其器也。甲骨文有䢔字，羅振玉
> 謂即《說文》徹字或體之㣙，又謂徹當以卒食撤去爲本義，其
> 說是也。（《積微居小學述林·釋徹》）

"徹"由"撤去酒肉"的本義，逐漸引申爲一般的"徹除、徹去"的
意義：

> 《儀禮·大射》："乃徹豐與觶。"注："徹，除也。"（《注
> 疏》1040 頁）
>
> 《儀禮·士冠禮》："徹筮席。"注："徹，去也。"（《注疏》
> 947 頁）
>
> 《左傳·宣公十二年》："軍衛不徹，警也。"注："徹，去
> 也。"（《注疏》1881 頁）

朱駿聲指出："徹"實際上是"㣙"。他說：

> "㣙"，……字亦作撤。《論語》："不撤薑食。"孔注："去
> 也。"皇疏："除也。"《詩》："徹我墻屋。"《儀禮·大射儀》：
> "乃徹豐與觶。"《士喪禮》："徹帷。"《禮記·曲禮》："徹緣。"
> 《左·襄廿三傳》："平公不徹樂。"經傳皆以徹爲之。（《說
> 文通訓定聲》履部第十二，621 頁）

　　“通”所包含的“徹除”義具有“排除阻塞”的鮮明特點。《説文》選取草木萌發的形象對此作了確切的展示。

　　　　《説文》十四下：“辰，震也。三月陽气動，雷電振，民農時也，物皆生……”臣鉉等曰：“三月陽气成，艸木生，上徹於土。”

　　　　《説文》一下：“屮，艸木初生也，象丨出形有枝莖也。古文或以爲艸字。讀若徹。”臣鉉等曰：“丨，上下通也，象艸木萌芽通徹地上也。”

草木萌生時“上徹於土”、“通徹地上”之“徹”，正是“徹除、徹去”之義，它要除去的，是壓在新芽上作爲阻塞、障礙的土層。

　　“通”是怎樣徹除“塞”、“阻”、“隔”的呢？

　　　　《説文》一下：“屯，難也。象艸木之初生屯然而難。从丨貫一。一，地也。尾曲。”

甲骨文“屯”作 �，作 �（《古文字類編》296 頁，《漢語古文字字形表》18 頁），其形體像一枚子芽。子芽破土而出是艱難的，它先在土下屯居，以聚集生命力。《説文》云：即將出生之草木“屯然而難”。爲什麼難？就因爲上面有作爲阻塞的土層壓着它，《爾雅·釋詁下》：“阻，難也。”

　　代表草木萌生季節的“春”，甲骨文作 �，作 �（《古文字類編》302 頁，《漢語古文字字形表》27 頁），其中也有子芽 �（屯）（《訓詁方法論》38 頁）。

　　　　《説文》一下：“春，推也。从草、从日，艸春時生也，屯聲。”

《説文》十二上：“推，排也。”

《説文》十二上：“捼，推也。”段注：“謂排擠也。”（596 頁）

《説文》十二上：“排，擠也。”“擠，排也。”“抵，擠也。”“攉，擠也。从手，崔聲。一曰摘也，一曰折也。”段注：“折者，斷也。”“自推至攉六篆同義。”（596 頁）

這表明，新芽是通過屯聚力量，拼力排擠、推開、攉折阻塞，才破土而出的。

把“草木萌芽通徹地上”的形象意義抽象化，“通”的含義就成爲“徹除阻塞”。正如《禮記·月令》所説的“開通道路，毋有障塞”《注疏》1363 頁），或者如《易·繫辭上》揭示的“推而行之謂之通”，“推而行之存乎通”（《注疏》83 頁）。

總之，從“通”涉及的對象，它解決“塞”、“隔”、“阻”時會通、穿通、徹通的方式來看，“通”是一種“推而行之”的動作，目的在於排除阻塞。這就是“通”的詞義特點。

二、“達”的詞義特點

“通”的結果爲“無阻塞”，爲“通暢”，即是“達”：

《書·舜典》：“明四目，達四聰。”注：“廣視聽於四方，使天下無壅塞。”

《莊子·達生》陸德明釋文：“達，暢也，通也。”（384 頁）

（一）“暢通無阻塞”對於行路的過程而言，是“快速”。這時“達”義爲“迅疾暢利”。

（1）“達”義爲“疾”。

《説文》二下：“逞，通也。从辵，呈聲。楚謂疾行爲逞。”
段注：“《方言》曰：逞，快也。自山而東或曰逞，江淮陳楚之
間曰逞。又曰：逞，疾也。”（75頁）

訓爲“疾”義的“逞”，即“騁”：

《廣雅疏證》卷一：“《説文》云：楚謂疾行爲逞。疾驅謂
之騁，義與逞同。”（72頁）

因此，《説文》“逞”之“通”義，即《説文》“通，達也”之“達”，迅疾
之義也。“逞”與“達”，爲方言與通言之别。

古人采用許多直觀事物，形象地展示了“達”包含的“疾”義：

《説文》二下：“迥，達也（從段注改）。”段注：“《玉篇》
云：迥，通達也。是也。《水部》：洞，疾流也；《馬部》：駧，馳
馬洞去也。義皆相同。《倉公傳》曰：臣意診其脉曰迥風。
裴曰：迥音洞，言洞徹入四肢。”（73頁）

無阻通暢的過程，如疾流，如馳馬，如診脉之迥風，均極迅疾。

（2）“達”義爲“利”。

含“迅疾”義的“達”，又叫“滑”、“泰”、“利”：

《説文通訓定聲》泰部第十三：“達，或曰滑也，又爲泰，
《洞簫賦》注引《字林》：達，滑也。”（652頁）段注也説：“達，
與水部滑、泰字音、義皆同。”（73頁）

《説文》十一上：“泰，滑也。”段注：“字从𠬞水，水在手
中，下溜甚利也，與《辵部》達字義近。”（565頁）

《説文》十一上：“滑，利也。”

《爾雅義疏·釋詁下》：“《吕覽·孟秋紀》云：其器廉以

深。……高誘注並云：廉，利也。按廉利雙聲，今人作事敏速亦稱廉利矣。"（317 頁）

（3）"達"作爲過程所具有的"迅疾暢利"義體現於人與動物之出生，則是"容易"之"易"。

　　《詩·大雅·生民》："先生如達。"《毛傳》："達，生也，姜嫄之子先生者也。"箋云："達，羊子也。""生如達之生，言易也。"（《注疏》529 頁）《詩集傳》："羊子易生，無留難也。"（190 頁）

　　《說文》四上："牽，小羔也。"（從段注改）段注："薛綜答韋昭云：羊子初生名達，小名羔。……（《詩》）當是經文作'牽'，傳云：牽，達也，先生，姜嫄之子先生者也。達，他達切，即滑達字，凡生子始生較難，后稷爲姜嫄始生子，乃如達出之易，故曰'先生如達'。"（145 頁）

（4）"達"作爲過程的"迅疾暢利"義體現於草木萌生，則是"噴射"之"射"。

　　《詩·周頌·載芟》："驛驛其達。"《毛傳》："達，射也。"《正義》曰："苗生達也，則射而出，故以達爲射。"（《注疏》602 頁）

　　《方言》十三："達，芒也。"注："謂草杪芒射出。"（《方言箋疏》734 頁）

草木萌發處於"通徹除阻"的階段時，是屯難的，但一經穿刺破土，其尖端部分即迅疾噴射而出。

　　無論羊子出生或草芒出土，其特點都是"達"之"疾"、"利"。正如《方言箋疏》所云："羔羊謂之牽，草芒亦謂之達，其義一也。"

（734 頁）

（二）"暢通無阻塞"對於行路的結局而言，則是到達。

（1）"達"義爲"至"。

　　《周禮·冬官·考工記》："（澮）專達於川。"注："達猶至也。謂澮直至於川。"（《注疏》933 頁）

　　《國語·晋語四》："奔而易達。"韋注："達，至也。"（337 頁）

　　《周禮·秋官·司寇》："雖道有難而不時，必達。"疏："無難者即依程至，祗由有難，故不時，云必達者，雖不時必達於所往之處也。"（《注疏》899 頁）

　　《釋名·釋兵》："鋋，延也，達也，去此至彼之言也。"

　　《左傳·成公十年》："疾不可爲也，在肓之上，膏之下，攻之不可，達之不及，藥不至焉。"（《注疏》1906 頁）

（2）"達"作爲結局的"至"義體現於草木萌生，即是"出土"之"出"。

　　《詩·周頌·載芟》："驛驛其達。"箋云："達，出地也。"（《注疏》602 頁）《詩集傳》："驛驛，苗生貌。達，出土也。"（234 頁）

　　《史記·樂書》："草木茂，區萌達。"《正義》："達猶出也。"（1203 頁）

　　《禮記·月令》："句者畢出，萌者盡達。"注："句，屈生者。"（《注疏》1363 頁）"屯"下段注："屈曲之者，未能申也。《乙部》曰：春艸木冤曲而出。"（21 頁）"乾"下段注："物達則上出矣。"（740 頁）

（3）"行不相遇"之"遇"義爲"兩兩牾逆、對立"。

現在來看《説文》"達,行不相遇也"的訓釋,就豁然了。首先,"行不相遇"之"遇"是何含義?

《説文》二下:"遇,逢也。""逜,遇也。"段注:"按《雜卦》傳:逜,遇也,柔遇剛也。"(71頁)

《説文》二下:"迎,逢也。"段注:"夆,啎也;逢,遇也,其理一也。"(71頁)

《説文》五下:"夆,啎也。"段注:"《午部》曰:啎,逆也。夆訓啎,猶逢、迎、逆、遇、逜互相爲訓。"(237頁)

《説文》十四下:"午,啎也。"段注:"陰陽交,故曰午。""古者横直交互謂之午。"(746頁)

經過以上繫聯比較可知,"遇"是像"柔遇剛"那樣兩兩啎逆、對立之意,即《釋名》"耦,遇也,二人相對遇也"的"相對"。亦即本文前面提到的:"通"涉及的對象,多是互相矛盾的雙方;當矛盾雙方處於對立狀態時,就構成"塞"、"阻"。而"達"是"行不相遇",即:行進之中没有對立狀態,没有塞阻,所以順利暢達。

總結上述文獻與《説文》中顯示的"達"的含義,"達"是一種"無阻塞而迅疾暢利"的過程、狀態,其結局爲"至"。這就是"達"的詞義特點。

三、"通"、"達"之别

《説文》二下:"通,達也。"段注:"按達之訓行不相遇也,通則相反。經傳中通、達同訓者,正亂亦訓治,徂亦訓存之理。"(71頁)

段氏這條注釋,很多人表示懷疑:通與達怎麽是“亂亦訓治”的反訓呢? 通與達怎麽“相反”呢? 其實,段氏正是悟透了“通”、“達”之別,才有此真知灼見。

(一)段玉裁認爲“亂訓治”、“通訓達”皆是“相反而成”:

> 《説文》十二上:“擾,煩也。”段注:“擾得訓馴,猶亂得訓治、徂得訓存、苦得訓快,皆窮則變、變則通之理也。”(601 頁)
>
> 《説文》十下:“𥷚,窮治罪人也。”段注:“引申爲凡窮之稱”,“《蓼莪》傳曰‘養也’。養與窮相反而成,如亂可訓治、徂可訓存、苦可訓快。”(496 頁)

本文前面已經分析,“窮則變,變則通”(變通)是“通”解決“塞、隔、阻”,以實現“暢達”的方式。段氏認爲這與“亂可訓治”一樣,是“相反而成”。“通”與“達”的關係確實是“相反而成”,因爲,根據上文的闡述證明可知:

(1)“通”是“有塞阻”,即有“對立、耦遇”的雙方;“達”是“無塞阻”,即没有“對立、耦遇”的雙方。這是“相反”。

“通”是“推而行之”的動作;“達”是“迅疾暢利”之狀態。一動一静,也是“相反”。

(2)“通”是排除塞阻之方式;“達”是由除阻而引出的“暢通已至”之結局。這是“相成”。

因此,“經傳中通、達同訓者,正亂亦訓治、徂亦訓存之理”。以上,就是“通”、“達”最本質的區别。

(二)《春秋左傳正義》卷一疏:“對文則别,散文則通。”我們進而分析古代文獻與今天成語中“通”、“達”對文運用之例,有助於深入認識與驗證上文對“通”、“達”的本質區别所作的辨析、概括。

(1)文獻中“通”、“達”對文之别

　　《書·禹貢》"達於河"疏："傳云：沿江入海，自海入淮，自淮入泗，是言水路相通，得乘舟經（徑）達也。"（《注疏》147 頁）

"通"是指江、海、淮、泗皆已會通而無阻；"經達"是暢達直至。

　　《初學記》卷十五《雅樂第一》："《國語》：'……夫樂，風德以廣之，山川以達之。'賈逵注曰：'樂所以通山川之風類，以達其德。'"（368 頁）

"通"爲排除山、川之阻隔以會通之；"達"爲"達到"。

　　《周禮·秋官·司寇》："（掌交）達萬民之説（悦）。掌邦國之通事，而結其交好。"注："達者，達之於王若其國君。""通事，謂朝覲聘問也。"疏："言邦國通事，是兩國交通之事。"（《注疏》903 頁）

"通"是排除阻隔溝通兩國之間的關係，"達"是將萬民之悦順暢地傳至國君。

　　《周禮·秋官·司寇》："環人掌送逆邦國之通賓客，以路節達諸四方。"注："通賓客，以常事往來者也。"（《注疏》899 頁）

"通賓客"，意爲溝通各國關係的使者。這裏"通"義爲往來消除各國隔塞；"達"則爲"順利到達"之義。

　　《周禮·秋官·司寇》："掌達國道路。"注："達謂巡行通之使不陷絶也。"（《注疏》884 頁）

"絶"是"通"的反義詞，義爲阻斷。（如《後漢書·西域傳》："自建武至於延光,西域三絕三通。"又《水經注》:"沿泝阻絕。")
"通"是消除阻斷的狀態,"達"指道路"不陷絕",這是"巡行通
之"的結果。

由此可以進一步推求出,古代文獻及注疏中"塞"、"通"、
"達"用以表述邦國之間的關係時,這三個詞從各自的特點出發,
有其特定的含義:"塞"是"邊塞","通"是"開啟","達"是"道
路"。

"塞"是"邊塞":

> 《戰國策》:"(齊)有長城鉅防,足以爲塞。"
>
> 《禮記·月令》:"完要塞。"注:"邊城要害處也。"
>
> 《說文》七下"窒"段注:"塞於義不爲窒,邊塞其本義
> 也。"(346 頁)

"邊塞"的作用是對外關閉、對内强固,而其意義來源則是"阻":

> 《廣雅·釋詁三》:"關、閉,塞也。"
>
> 《說文》六下:"固,四塞也。"
>
> 《禮記·明堂位》:"四塞世告至。"注:"四塞謂夷服、鎮
> 服、蕃服,在四方爲蔽塞者。"
>
> 《周禮·夏官》"掌固"注:"固,國所依阻者也。"

"通"是"開啟",即:將關閉的邊塞打開、聯通:

> 《漢書·張騫李廣利傳》:"然騫鑿空。"蘇林曰:"鑿,開
> 也。空,通也。騫始開通西域道也。"(2693 頁)

"達"是"道路"。開道邊塞意味着修治道路使可暢行往來,故
"達"指"道路":

　　《爾雅·釋宮》:"一達謂之道","四達謂之衢","九達
謂之逵。"《說文》同之。

　　《說文》二下:"道,所行道也。从辵、首,一達謂之道。"
段注:"《行部》稱四達謂之衢,《九部》稱九達謂之逵。按許
三稱當是一例,當作一達謂之道。从辵、首,道,人所行也。"
"首者,行所達也。"(75 頁)

可見"達"謂"行所達"之"道路"。《爾雅義疏·釋詁下》亦云:
"達"爲"道路之名"。

　　《書·旅獒》:"惟克商,遂通道於九夷八蠻。"疏:"惟武王
既克商,華夏既定,遂開通道路於九夷八蠻。"(《注疏》194 頁)
　　李白《蜀道難》:"爾來四萬八千歲,不與秦塞通人烟。
西當太白有鳥道,可以橫絕峨嵋巔。地崩山摧壯士死,然後
天梯石棧方鈎連。"補注云:"鳥道,謂連山高峻,少低缺處,
惟飛鳥過此,以爲徑路,總見人迹所不能至也。"(《唐詩三百
首》93 頁)

上面所引《旅獒》、《蜀道難》二文,有助於我們認識"邊塞"、"開
通"、"道路"三者的關係:

　　之所以需要"通",是因爲邊塞關閉無路而成阻,而"達"之時
則邊塞開通道路,已無阻隔,這是"通"、"達"相反;開通道路是爲
着聯通邊塞以暢達至各邦國間,這是"相成"。

　　(2)成語中"通"、"達"對文之別

　　流傳至今的成語中"通"、"達"對文運用之例也顯示了二者
的區別。

　　通情達理。

"情"是形於外者,"理"是深藏於内者。《字詁義府合按》:
"旨奥曰理。"(40 頁)《説文》"理"下段注:"凡天下一事一物,必
推其情至於無憾而後即安,是之謂天理。"(15 頁)《孟子·盡心
上》:"其慮患也深,故達。"朱熹《集注》:"達,謂達於事理。"可知
"通"是"推"而行之的動作,"達"是深入而"至"之結局。

　　通宵達旦。

《隋書·楊汪傳》:"其時繫囚二百餘人,汪通宵究審,詰朝而
奏。""通"指貫穿整個夜晚的行動,"達"則爲"至"義。

　　通權達變。

古文獻中"權"與"經"相對,古稱道之至當不變者爲"經",
反"經"合道爲"權"。《公羊傳·桓公十一年》:"權者何? 權者
反於經,然後有善者也。"《孟子·離婁上》:"嫂溺援之以手者,權
也。"《孟子正義》:"權者反經而善也","夫經者法也,制而用之
謂之法,法久不變則弊生,故反其法以通之","權者,變而通之之
謂也。"(306 頁)可見,"通"是把"經"與"權"這矛盾的兩方面加
以會通,以達到"變則善"的結果;"達"亦"至"義。

話説"丹青"

"丹"與"青"在漢語裏結下了不解之緣。早在先秦,"丹青"便已連用,《周禮》記載,有一種"職金"之官,是專管"金玉錫石丹青之戒令"的。這裏的"丹青"指丹砂和空青(也就是青臒),都是可以作書畫之色的顔料。

到了漢代,"丹青"已經發展爲一個聯繫緊密的雙音詞。降至魏晉與唐宋,其用更爲頻繁,它的意義變成兩個方面:

第一,丹青表示信誓。《東觀漢記》記載光武詔,有"明設丹青之信"語,《後漢書·公孫述傳》也説:"帝乃與述書,陳言禍福,以明丹青之信。"《晋書·劉頌傳》:"著誓丹青,書之玉版,藏之金匱,置諸宗廟,副在有司。"著名的阮籍《咏懷詩》更有"丹青著明誓,永世不相忘"的詩句。這個意義後代一直沿用。清代歸有光《邢州叙述》仍有"引納壯健兒,誓之以丹青"的句子。

第二,丹青專稱繪畫。這個意義在《漢書·蘇武傳》"竹帛所載,丹青所畫"句中已經透露,但魏晉的詩文中却不多見,直到唐代才用得多了,諸如"丹青不知老將至,富貴於我如浮雲"(杜甫《丹青引贈曹將軍霸》)、"空梁無燕雀,古壁有丹青"(盧照鄰《文翁講堂詩》)、"粉壁爲空天,丹青壯江海"(李白《觀山水粉壁詩》)等名句,都直把"丹青"作繪畫的專稱。

"丹"與"青"的聯繫還有較之上述更出人意料的,那就是在《説文解字》裏,"青"字是從"丹"的。它的篆文作青,上從"生",

下從“丹”；古文作🜍，上從“屮”（chè），下從“丹”。許慎解釋這個字形説：“東方色也。木生火，从生丹，丹青之信言必然。”段玉裁説：“俗言信若丹青，謂其相生之理有必然也。”這説法雖然顯得荒唐，但總是告訴了我們，在古人的心目中，“丹”與“青”的聯繫是很牢靠的。

熟悉訓詁材料的人還應知道一個情況，從“青”得聲的字，有時却是紅色物。例如“綪”，是一種赤繒，用茜草染成。“茜”又寫作“蒨”，也從“青”得聲。“茜”又叫“茅蒐”，還有一個名字叫“地血”，當然是朱紅色。“茅蒐”的合音字是“靺”，《左傳》所説的“靺韋之跗注”，就是一種紅色的裏腿。從“綪”、“茜”的義源中，我們又看到了“青”與“丹”的一種内在的聯繫。

在早期的漢語裏，意義之間的聯繫大半是經驗性的。那麽，人們是怎樣把“丹”與“青”聯繫起來的呢？

人們最早將“丹”與“青”聯繫起來，是由草木觀察所得。章太炎先生在《文始》裏解釋“青”字從“丹”之意説：“草木初萌，本作紺色，青赤相搏，舒葉乃純青耳。”他的意思是説：小草初萌，先呈赤色，待到出芽葉，始轉青綠，有時青芽長出，根部仍呈朱紅色。所以，“青”字下從“丹”，上從“生”，是爲出芽；或從“屮”，是幼芽之形。丹色與青色，異狀而繫於同所，這便是它們相關的基礎。

“丹”與“青”還有另一方面的聯繫，那就是《周禮》所説的“丹青”。孫詒讓的《周禮正義》説：丹是丹砂，青是青䚋，它們都是石的別種，都用以供石染，所以並稱。《管子》説“丹青在山，民知而取之”，司馬相如《子虛賦》説“其土則丹青赭堊”，都告訴我們，丹、䚋是山中的礦物，可充作染料。李善在注解“丹青著明誓”時説：“丹青不渝，故以爲誓。”意思是説，用丹砂與青臒作書，不易褪色，所以專用來寫契約誓言。

其實，李善的説法並不那麽全面，古代的契約與誓言，確乎是用丹砂書以朱紅之字，所以又叫“丹書”，《左傳·襄公二十三年》記載一個叫斐豹的，本爲奴隸，“著於丹書”，杜預注説是“犯罪没爲官奴，以丹書其罪”。後來，范宣子要用他來刺殺欒氏的力臣督戎，斐豹説：“苟焚丹書，我殺督戎。”宣子發誓説：“而殺之，所不請於君焚丹書者，有如日。”這丹書就是奴隸的契約。但却没有用“青”書字的。“丹青”以稱誓約，取丹字書於青簡之意。古代的竹簡是青色的，在竹簡上記的史書叫“青史”，杜甫《贈鄭十八賁詩》“古人日以遠，青史字不泯”，于謙《收麥詩》“更有清名播青史”，“青”正是竹簡。簡書定稿時，要將竹簡上的青皮刮去，叫作“殺青”。都足以證明，“青”是竹簡之色，“丹”才是契字之色。由此，我們便不難理解著名的南宋愛國將領兼詩人文天祥鏗鏘有聲的名句——“人生自古誰無死，留取丹心照汗青”的深刻含意。古代用竹簡記事時，先用火烤去竹片的水分，是謂“汗”，“汗青”便是用竹簡刻寫的史册。文天祥要用一片丹心來光照史册。他在詩句中嵌入了“丹”、“青”二字，還有更深的意義在内：他是在用自己心中流出的滴滴鮮血，化作丹書，在青簡上書寫自己忠於祖國的永世不渝的誓言。

所以，“丹”與“青”的諸多聯繫，都不是偶然的，看到“丹青”這個詞，我們總會想到祖國歷史上豐富而燦爛的古代文化的。

衩衣趣談

揚雄《方言》卷四説："襌衣有袌者,趙、魏之間謂之袩衣,無袌者謂之裎衣,古謂之深衣。"上古服裝以有袌之袩衣爲正服,朝服、祭服都是這類服裝;無袌之裎衣爲便服,睡衣、褻衣都是裎衣。

袩衣是一種有大襟的交領服裝,右邊開襟縫。襟的上部是交領,下端開衩的部分叫作衩,中間的前襟叫作袌,袌内是雙層,可以懷物,所以又叫"袌囊",如圖:

袩衣

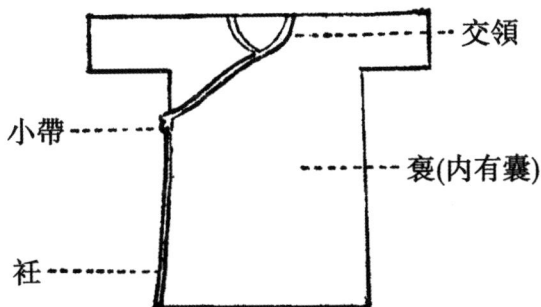

裎衣無衩無袌,中間開襟,是一種對襟的短衫,如下圖。這種對襟的短衫,唐宋時謂之"衩衣"。

衵衣（裎衣）

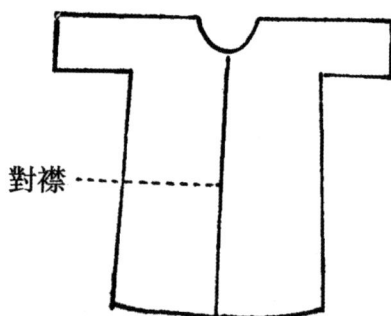

對襟

自上古始，着裎衣在公共場所出現就是非禮的。《左傳·宣公九年》記載："陳靈公與孔寧、儀行父通於夏姬，皆衷其衵服以戲於朝。""衵服"是近身的襯衣，也就是"裎衣"。陳靈公此事成爲春秋時的一件醜聞。到了唐宋，穿衵衣見客仍然是不禮貌的，是對客人的一種輕視。《通鑑》記載："唐僖宗乾符元年，王凝、崔彥昭同舉進士，凝先及第，常衵衣見彥昭。"僅此便見王凝的傲慢。《名臣言行録》還記載過一個有關衵衣的故事：

> 竇儀在翰林，一日宣入禁中。覘見太祖猶衵衣，潛身却退。中書謂曰："官家坐多時，請速見。"竇曰："聖上衵衣，必是未知儀來，但奏云宣到翰林學士竇儀。"太祖聞之，具冠帶，方召見。

竇儀因見宋太祖着衵衣，便坐待而不入，表現了他在帝王面前不亢不卑、自尊自重的態度。而宋太祖聽到通報，便換去衵衣，穿上禮服，也可見他對知識分子是敬重多禮的。王建《宮詞》有"衵衣騎馬繞宮廊"句，極寫其浪蕩輕浮，亦足見着衵衣穿在外是非禮而不恭的。這些都表明，古代服裝與禮節的關係是極大的。

釋“厠”

厠,古代又名“匽”、“偃”。《莊子·庚桑楚》:“觀室者周於寢廟,又適其偃溲焉。”這是説,參觀宮室的人周覽寢室廟堂後,又上便厠去解溲。

便厠在古代之所以名“匽”、“偃”,是因爲“匽”、“偃”有“卧倒”、“止息”之義。如《論語·顏淵》:“草上之風,必偃。”《詩·小雅·北山》:“息偃在牀。”《漢書·禮樂志·郊祀歌》:“海内安寧,興文匽武。”由“卧倒”、“止息”之義,可以引申出“隱蔽”的意義,所以《廣雅疏證》卷七上説匽、偃“取隱蔽之義”。凡是“隱蔽”的地方,一般是不當道的,有藩屏的。《説文·人部》:“側,旁也。”《尸部》:“屏,屏蔽也。”《艸部》:“藩,屏也。”便厠正是建在路旁僻静隱蔽之處,它的四周有藩屏圍繞,如《墨子·旗幟篇》所説:“爲屏三十步而爲之圜,高丈,爲民圂(便厠)。”因此,便厠又稱爲“屏厠”。對於上面引用的《庚桑楚》“偃溲”之“偃”,郭象即注釋爲“屏厠”。

便厠建造的位置是在路旁屏蔽之處,而便厠的作用則是維持清潔。《周禮·天官·宮人》:“爲其井匽(應爲“庰匽”,“井”是訛字。庰是“屏”的異體字,《説文·广部》:“庰,蔽也。”——引者),除其不蠲,去其惡臭。”“蠲”是“潔”的意思。這段話是説:在宮中路邊隱蔽的地方修造厠所,清除髒物,消去惡臭。這體現了古代設置厠所的有關制度。

那麼,便厠怎樣清除髒物、消去惡臭呢?

《周禮·天官·官人》鄭玄注指出:"匽豬謂霤下之池,受畜水而流之者。"(《十三經注疏》本 676 頁)

"霤下之池"的"霤"是指什麼呢?《説文·雨部》:"霤,屋水流也。"《燕禮》:"設洗篚於阼階東南當東霤。"又:"賓所執脯以賜鍾人於門内霤。"這些都説明,霤是屋檐端雨水下注之處。

有"霤",就有"承霤"。"承霤"是屋檐下承接雨水的槽,用木或銅做成。設置承霤是便於雨水流通,正如《禮記·檀弓上》鄭玄注所云:"如堂之有承霤也。承霤以木爲之,用行水,亦宮之飾也。……今宮中有承霤,云以銅爲之。"

承霤在漢代又名爲"池"。《禮記·檀弓上》:"池視重霤。"孔穎達解釋説:"重霤者……承於屋,霤入此木中,又從木中而霤於地。故謂此木爲重霤也。天子則四注,四面爲重霤……名之爲池。"《漢書·宣帝紀》顏師古注引如淳也説:"銅池承霤。"

至此,我們就明白了,古代的便厠是通過"霤下之池"的流水來保持清潔的。鄭玄所説的"匽豬謂霤下之池,受畜水而流之者",意思是,修築"匽豬",就是在厠所屋檐下築土而爲蓄水池,用"承霤"把屋檐水接到池裏,讓池水流過厠所,這樣就清洗了髒物和惡臭。

漢代以前是以霤池衝洗便厠之污穢,漢以後則變爲一般地用水清洗。《史記·萬石張叔列傳》:"(石)建爲郎中令,每五日洗沐歸謁親,入子舍,竊問侍者,取親中裙、厠牏,身自浣滌。"孟康曰:"牏,行中受糞者也。東南人謂鑿木空中如曹謂之牏。"這是説石建拿着父親的内衣、便器,親自洗滌,使清潔之。

根據以上分析,可以知道,在古人心目中,談到"便厠"的時候,意味着應當時時清洗以保持清潔。所以《説文·广部》説:"厠,清也。"《釋名》也説"厠"爲"至穢之處,宜常修治使潔清也"。

從讀音上看,"清"與"厠"有雙聲關係。"清"後出字作"圊"。《釋名·釋宫室》:"厠,或曰圊。"《廣雅·釋宫》:"圊,厠也。"《涅盤經》:"大小圊厠無不備足。"《法苑珠林》:"於四門各作圊厠,給人便利。"

有人認爲,訓"厠"爲"清"是反訓。這種看法,只是局限於從字義的表面看問題,而没有從古代厠所的建制來深入領會"厠"的内涵。《釋名·釋宫室》:"厠""或曰溷,言溷濁也"。《説文·水部》:"溷,亂也。"那麽,"濁"是怎樣出現的呢?《説文·水部》:"洿,濁水不流也。"段注:"《左傳》云,水不流謂之汙,按汙即洿之假借字。"又,《水部》:"灡,不流濁也。"段注:"謂薉濁不流去也。"可見,"濁"的出現是由於水不流,或者説,没有流水來把污濁衝走。

因此,爲了"不濁",就得創造一個先決條件:使水"流"動。古人深知此理,因而在漢代以前,厠所採取了屋檐下"畜水而流之"的辦法。這説明,訓"厠"爲"清"的含義是憑藉水流來衝洗。《説文·水部》:"瀞,無垢薉也。"段注:"此今之'净'字也,……古書多假'清'爲'瀞'。""瀞"是"清净",水流衝洗之後則無垢薉,就清潔乾净了,這應該是"厠,清也"所包含的意義。

皋比與虎皮

　　古代文章裏常見"皋比"這個詞。元末明初的政治家、文學家劉基(伯温)在他膾炙人口的名著《賣柑者言》裏曾尖銳地提出如此之質問：

　　　　今夫佩虎符、坐皋比者，洸洸乎干城之具也，果能授孫、吴之略耶？峨大冠、拖長紳者，昂昂乎廟堂之器也，果能建伊、皋之業耶？

他的意思是説：表面威風的武將，未必真懂軍事；外觀莊重的文臣，未必真懂政治；封建時代高高在上的官僚貴族們，如同"金玉其外，敗絮其中"的劣等柑桔一樣，多有欺世盜名的虚偽面貌。在這段話裏，"佩虎符、坐皋比者"指的是武將。"皋比"是虎皮，古代用來墊在將軍的座位上，以示帶兵者的威嚴。

　　"皋比"當虎皮講，始見《左傳·莊公十年》，其文説："夏六月，齊師宋師次于郎，公子偃曰：'宋師不整，可敗也。宋敗，齊必還，請擊之。'公弗許。自雩門竊出，蒙皋比而先犯之。公從之，大敗宋師于乘丘，齊師乃還。"杜預注："皋比，虎皮。"蒙虎皮是偽裝虎來嚇唬敵人。同時也顯示軍中有可以捕虎的勇士，這足以使敵人聞風喪膽。類似這樣的事，在《左傳》上還可見到。《僖公二十八年》晋楚城濮之戰中，"胥臣蒙馬以虎皮，先犯陳蔡，陳蔡奔，楚右師潰"。這又是一個偽裝虎嚇退敵人的戰例。可見在古代，虎這種猛獸具有强大的威脅性，虎皮在軍事上就有着很大的作用,成爲一種必備的戰具。

戰争中用虎皮作爲戰具,還有一個證明。《禮記·樂記》曾説:"倒載干戈,包之以虎皮,將帥之士使爲諸侯,名之曰'建櫜',然後天下知武王之不復用兵也。""倒載干戈,包之以虎皮",即是刀槍入庫的意思,收拾起戰具,表示休戰,可見虎皮與干戈一樣,也是戰争中不可缺少的。"建櫜"字或作"建皋",是"皋"爲虎皮的又一證明。

"皋"、"櫜"當虎皮講,都是借字,本字應是"虦",鐘鼎文中有之。"虦"從"糸","夲"(tāo)聲,從"虎",取將虎皮連綴起來的意思,"比"有連結之義,故稱"虦比","皋"也從"夲"得聲,與"虦"同音,用假借字,寫作"皋比"。

虎皮顯示威武,所以當作將軍的座墊。《宋史·張載傳》有"坐虎皮"之説。《賣柑者言》中所説的"坐皋比",正是將軍之象。古代的這種軍事上的習俗現代仍有沿襲者,《智取威虎山》中座山雕的座位上不也鋪着虎皮褥子嗎? 這還是一種古老的遺風呢,可惜被土匪襲用了!

古代尊師之禮——釋菜

應劭的《風俗通義》卷七記載：

> 孔子困於陳、蔡之間，七日不嘗粒，藜羹不糝，而猶弦琴於室。顏回釋菜於戶外，子路、子貢相與言曰："夫子逐於魯，削迹於衛，拔樹於宋，今復見厄於此。殺夫子者無罪，籍夫子者不禁；夫子弦歌鼓舞，未嘗絕音。蓋君子之無恥也若此乎？"顏回無以對，以告孔子。孔子恬然推琴，喟然而嘆曰："由與賜小人也，召，吾語之。"子路與子貢入，子路曰："如此可謂窮矣！"夫子曰："由，是何言也？君子通於道之謂通，窮於道之謂窮。今丘抱仁義之道以遭亂世之患，其何窮之為？故內省不疚於道，臨難而不失其德。大寒既至，霜雪既降，吾是以知松柏之茂也。昔者桓公得之莒，晉文公得之曹，越得之會稽，陳、蔡之厄，於丘其幸乎？"

這是一個含意豐富而深刻的故事，它說明了我們民族傳統的窮通觀：通於道之謂通，窮於道之謂窮。也就是說，一個有道德修養的人，不應以物質財富和處境順逆來衡量窮與通，而應以精神財富和思想境界的高低來衡量窮與通。它還說明了中國古代知識分子的追求和氣節：處境越壞，越要重道。古往今來，多少"富貴不能淫，威武不能屈"的仁人志士，正是抱着這種追求，做到臨難而不失其德，勇於為真理而獻身的。除此而外，這則故事還告訴我們中國古代的一個傳統道德，那就是，尊師的意義在於重道。爲了領會這一思想，首先要弄懂什麼叫"釋菜"。

"釋菜"，《莊子·讓王篇》和《呂氏春秋·愼人篇》在記載同一故事時作"擇菜"。有人附會"七日不嘗粒，藜羹不糝"的處境，將"擇菜"解釋爲"摘野菜"，這實在是一個大誤會。"釋菜"始見《周禮·春官·樂師》："春入學，舍采，合舞。"這是講古代卿大夫的兒子，到十二歲，身高大約到古制五尺以上，就要入學士學宫學習禮樂。禮樂與舞是不可分的，始入學，首先學習列隊和節奏，這就是"合舞"。而合舞之前，要先行舍采之禮。"舍采"，鄭司農引了多種解釋，其中之一是："古者士見於君，以雉爲摯；見於師，以菜爲摯。菜直謂疏食菜羹之菜。"而鄭玄的解釋比之鄭司農更爲清楚合理，他說："舍即釋也，采讀爲菜。始入學，必釋菜禮先師也。菜，蘋蘩之屬。"——他的意思是說，"舍"是"捨"的古字，"捨"和"釋"通用。"采"是"菜"的借字，"舍菜"就是"釋菜"，也就是用蘋蘩等菜來敬老師。"舍"與"釋"二字相通是有足够的根據的。《禮記·月令》和《文王世子》都有"釋菜"的記載，《周禮·甸祝》的"舍奠"，《太史》的"舍算"，鄭注都以"舍"爲"釋"，古書"釋奠"、"釋幣"，"釋"字亦作"舍"字。"舍"與"釋"古音都在"鐸"部，而"舍"與"釋"都有"棄置"、"放下"的意思，兩字同源而通用。《左傳·隱公三年》說："蘋蘩蘊藻之菜……可薦於鬼神，可羞於王公。"又說："《風》有《采蘩》、《采蘋》，《雅》有《行葦》、《泂酌》，昭忠信也。"杜注："明有忠信之行，雖薄物皆可爲用。"由此可以看出"釋菜"的用意。"釋菜"表示對老師的恭敬，表明自己誠心誠意學習的心迹。既有忠信，何必厚禮！敬師之禮，"釋菜"而已。《風俗通義》所云"顔回釋菜於户外"者，是說他在孔子困於陳蔡，連飯也吃不飽的時候，在門口行“釋菜”之禮,重新表示自己仍要就學於老師,不以老師的艱難而爲意也。子路、子貢懷着與孔子、顏回絕然不同的窮通觀,他們以官運不通爲恥,不懂得“古之得道者窮亦樂,通亦樂,所樂非窮通也,道德於此,則窮通爲寒暑風雨之序矣”(《莊子·讓王篇》)的道理,所以,孔子指斥他們是小人。

至今嶺南梅縣地區,仍有學生將蔬菜置於老師門外以示敬意的風俗,這應該是古代“釋菜”之禮的孑遺罷。這種古樸的民俗,常使我們想起顏回“釋菜”的故事,並使我們永遠記得這一值得繼承的爲學、爲人的準則——即使老師暫處逆境,只要他未窮於道,做學生的,便應當一如既往地尊崇老師。願那種師權勢、師富貴、師名位的勢利惡俗永遠絕迹,願天下學子皆如顏回,敬師於困厄之際,“釋菜”於危難之間。因術業而尊師,因科學而尊師,因真理而尊師,其禮可薄於“釋菜”,其情則重於泰山。在建設社會主義精神文明的今天,這恐怕仍是我們應當提倡的良好風尚吧!

伙伴與伙計

著名的《木蘭詩》中有"出門見火伴,火伴始驚惶"句,"火伴",今天寫作"伙伴"。明清小説裏做買賣雇用的店員稱"夥計",搭伴做買賣也稱"夥計","夥計"現在也寫作"伙計",唐人小説裏也有寫"火計"的。該寫"火",還是寫"伙"、"夥"?這要從兩詞的來歷與本義説起。

我國古代軍隊有一種編制,杜佑《通典》記載:"五人爲列,二列爲火,五火爲隊。"《南史·卜天生傳》説:"弟天生少爲隊將,十人同火。"可見起碼是在漢魏南北朝時期,就有了這種編制法。"列"與"隊"作軍隊編制的專稱毫不奇怪,而爲什麼稱"火"?翟灝《通俗編》説:"其所以名火,以共一竈爲火食也。"古代爲炊事用具所限,十人共火爲炊恰到好處,所以有"火"的編制。"火伴"本來專指軍旅之事,《木蘭詩》所説之"火伴"正言軍旅。柳宗元《段太尉逸事狀》説:"叱左右曰皆解甲散還火伍中。"以"火"與"伍"共稱,"伍"即"列",這仍是指軍旅之事。

以後,"火"由軍旅之事而移用於商賈之事。劉攽《中山詩話》説:"南方賈人各以火自名,一火猶一部也。"元稹《估客樂》所説的"出門求火伴,入户辭父兄",也説的是商賈。所謂"火計"是合在一起計算錢財之意。商賈之結伴,大約也是行路艱難的緣故吧!

"火"以後便發展爲許多人結合在一起的通稱,所謂"一幫一火”,字也寫作“伙”,從“水火”字裏分化出來了。所以,推其根源,“火伴”也好,“火計”也好,“火”才是本字,“伙”字後出,“夥”也是“火”派生出的同源字。《説文解字·七上·多部》:“㛎,齊謂多爲㛎。从多,果聲。”“㛎”即“夥”,因方言而派生,以稱多數,意與“伙”相通。

烹飪與醫藥

在現代生活裏,醫生與厨師是兩種截然不同的職業,藥品與食品在不同的商店出售,吃藥與吃飯更有極不相同的苦與樂。可是在我國的古代,烹飪與醫藥却有着十分密切的關係,乾脆説,醫生與厨師不分,藥品與食品一致,吃飯,有時候就等於吃藥。

根據《周禮》(我國古代講禮制的專書),古代宮廷裏負責餐食的官如"庖人"、"内饔"、"外饔"、"亨人"、"甸師"、"獸人"、"㢣人"、"臘人"都在食官之長"膳夫"的統領之下。但是有一種食官叫"食醫",都在醫官之長"醫師"的統領之下,與"疾醫"、"瘍醫"、"獸醫"並職。"食醫"的職務是"掌和王之六食、六飲、六膳、百羞、百醬、八珍之齊"。用今天的話説,就是掌管搭配主食、副食,確定餐飯的食譜。由醫生來掌管食譜,道理很簡單:吃飯不僅是爲了解餓,更重要的還要能養身治病;吃藥雖不能馬上解餓,在養身治病上,作用與吃飯相同。所以定食譜跟開藥方都讓醫生管,是大有道理的。《詩經》裏有"可以療飢"的句子,足見古代人連飢餓也認爲是一種病,必須用吃飯來治療。

一般人認爲調味是爲了可口,也就是爲了解饞。但是從醫學的角度看,調味的目的主要是使食品切合人的健康要求。《周禮·食醫》有"春多酸,夏多苦,秋多辛,冬多鹹,調以滑甘"的説法,就是講味道要應合時氣。春天酸味大,夏天苦味大,秋天辣味大,冬天鹹味大,都用棗、栗、飴、蜜等甘甜的調料衝淡它,免得太過而傷身。主食與副食的搭配,也有醫學根據。《食醫》記載:"牛宜稌,羊宜黍,豕宜稷,犬宜粱,雁宜麥,魚宜苽。"也並非只爲了可口,更取其氣味相成。比如,稌就是稻米,牛味甘平,稻味苦而又溫,"牛宜稌",取其甘苦相成。又如,犬味酸而溫,粱米味甘而微寒,"犬宜粱",取其溫寒相成。……查查古代的醫藥書《本草》、《素問》,牲與穀配合的根據皆可索尋。

我國古代的文字訓詁也常常反映醫與食的關係。

齊,小篆作𪗧,用禾麥吐穗上平的形象表示整齊之義。整齊是人爲約束的結果,所以"齊"又有約束之義。規定各物的統一比例加以混合或化合也叫"齊",藥劑的"劑"就是用的這個意義,"劑"字則是從"齊"裏分化出的後起字。前文所說"掌和王之六食、六飲、六膳、百羞、百醬、八珍之齊"的"齊",就是後來的"劑"。由此可以看出,食品的調和與醫藥的配方在古代同名,都叫"齊"(劑)。

"藥",從"艸",本是治病的中草藥的統稱。但漢朝人的"芍藥"(一作"勺藥")却是調料的意思。《論衡·譴告》說:"釀酒於𤳊,烹肉於鼎,皆欲其氣味調得也,時或鹹苦酸淡不應於口者,猶人勺藥失其和也。"這裏的"勺藥"就是調料。引申之,經過烹調的食品也叫"勺藥"。張衡《南都賦》說:"歸雁、鳴鵽(duó)、黃稻、鮮魚以爲勺藥。""勺藥"指的是食品。"勺藥"這個詞,經過音變,成了今天的佐料。《說文解字》中有"曆"字,訓釋作"和也,從甘,從麻。麻,調也"。"調",就是"調和"(即"調料")。"麻"就是"適麻"(dí lì)。"適麻"也就是"芍藥"。可見"藥"用於醫藥,也用於烹飪。

　　烹飪要有利於健身,注重治病和營養,這是我國古代早有的傳統。但是用醫藥的觀點確實也可以做出許多美味可口的佳肴來。唐朝人咎殷寫過一部醫書叫《食醫心鑒》,都是用食品來治病。比如,將粳米填在鴨子裹蒸食可治腳氣,真不失爲佳肴兼良藥。廣東有一種"黃芪鴨子",用補氣的黃芪爲佐料,噴香焦黃,既爲口腹之美食,又可健身治病,更是食醫的佳作了。

烹飪與用火

火是熟食的前提,而人類能够熟食才有烹飪。萬千烹飪妙手製作出衆多色艷香鬱味美的佳肴,無一不需要用火。我們這個民族自古就重視烹飪,飯菜的製作不但是一種技術,也是一種藝術;不但關係到食用,而且關係到醫療;不但是貴族享宴、平民果腹之需,而且還要奉獻於天神地祇尊祖以作祭祀。所以,烹飪是件大事,用火的講究便古已有之。

翻開一部《説文解字》,查一查"火"部,就可以發現"煇"、"炊"、"爨"、"齋"、"熹"、"煎"、"熬"、"炮"、"衮"、"穮"、"爛"、"縻"、"簹"、"烝"等將近二十個字直接與烹飪的用火有關。下面舉出幾條來説説。

用猛火熟魚肉叫作"烝",也就是今天的"蒸"。"蒸"從"艸",本義是剥掉麻以後剩下的杆兒。古人用來作蠟芯用。"蒸"是"烝"的借字。《説文·十上·火部》:"烝,火气上行也。"《詩經·大雅·生民》説"烝之浮浮",《毛傳》:"浮浮,氣也。""浮浮"就是"烰烰",也就是用猛火蒸東西火氣往上走的樣子。不過,古時候的"蒸"跟今天不一樣,今天蒸東西不光要用猛火,還要借助水蒸汽。而古代蒸東西也可以不用水。《説文·火部》有個"簹"字,訓釋作"置魚簹中炙也"。段玉裁解釋説:"簹,斷竹也。置魚簹中而乾炙之,事與烝相類。"可見"蒸"也包括乾燒,只要將蒸器封閉起來。竹簹簹魚是用帶節的竹子一頭塞上泥來封閉的。古時候冬祭叫"烝"，因爲冬天宜暖，祭品宜以熟食，冒着熱氣，取火上行之義而名之。可見烹飪之詞可以轉化爲祭祀之稱。

熟物時，不但用猛火，而且要用開水的，古時叫作"燅"，讀xún。《説文·炎部》："燅，於湯中爓肉也。""湯"是熱水，猛火滾水清炖叫"燅"。這個詞後來音變發展出三個方言詞來：

"燖"。湖北等地用熱水燙後拔掉鷄毛叫"燖毛"。《通俗文》説："以湯去毛曰燅。"字直寫作"燅"，後來才俗寫作"燖"。

"涮"（音 shuàn）。北京所説的"涮鍋子"，把羊肉切成薄片，在極開的水裏略晃幾下以熟之叫"涮"，是"燅"的音變。

"汆"（音 cuān，也寫"爨"），就是把肉放到用猛火燒得滾開的水裏，一熟即趁嫩盛出。四川有一種水煮牛肉，就是用汆法。"汆"是俗字，也是"燅"的音變。

"燅"還發展出一個與古代外交有關的詞來。春秋時兩國訂立盟約後，因種種原因，關係發生障礙，彼此有些冷淡了，這時需要重申舊盟，鞏固友好關係，就叫作"燖盟"，也寫作"尋盟"。《左傳》上常可見到這種外交活動。如《隱公三年》："冬，齊、鄭盟於石門，尋盧之盟也。""尋"當"溫"講。《左傳·哀公十二年》有"若可尋也，亦可寒也"之説，以"尋"與"寒"相對而言，"溫"義極明。這個"尋"就是"燅"發展來的。可見烹飪名詞不但影響祭祀之稱，還影響外交辭令呢。

烝、燅指用猛火，用微火則稱"煴"。讀"烏痕切"（wēn）。《火部》："煴，炮肉，以微火溫肉也。""煴"即今天所説"文火"的"文"的正字。以後演變爲"煨"，即用小火慢慢把肉爛爛。

"煴"用微火，但需加水。不加水而用微火將肉燥乾，古時稱作“熹”和“穤”。

“熹”又作“熙”。《説文·火部》：“熹，炙也。”段玉裁説：“炙者，抗火炙肉也。”晋灼注《漢書》曾説：“大官常以十月作沸湯，燖羊胃以末椒薑坋之，訖暴使燥則謂之脯。”這就是熹法，也就是先將肉煮熟再燥乾，製成肉脯。

“穤”音“符逼切”，讀 bī。《説文》説：“穤，以火乾肉也。”“穤”跟“熹”不同，是直接用小火燥生肉，既熟且乾。後來音變作“焙”（bèi），也就是今天所説的焙乾。

從古代的文字看，周秦時期烹飪已有很大發展，熟食之法已很豐富。上面説到的只是一些基本的烹飪用火之法，若仔細論列，自然遠不止此。這些詞彙今天大半保留下來，並有所發展。詞彙的繼承説明事物的延續，詞彙的發展説明生活的豐富。今天的烹飪技術突飛猛進，烹飪術語成幾十倍地增加。不過，研究一下烹飪訓詁，仍可以讓我們欽佩自己的老祖宗們，若不是他們開了好頭兒，也就不會有今日的萬千名厨了。

説"炙"

生食近火燒烤而熟之,其法曰"炙"。《齊民要術》有"炙法",具體做法很多:有用整猪開腹去五臟洗净以茅填滿腹腔而炙者,也有逼火偏炙一面隨炙隨割者,還有切成寸塊急速回轉而炙者,更有灌腸而炙,擣丸而炙,薄片而炙,作餅而炙者。可炙之肉除猪、牛、羊、鹿、鴨、鵝外,尚有魚、蚶、蠣等水産。究其做法,大約相當於今天的烤肉,但今天食用的烤肉或是整隻的烤乳猪和烤羔羊,或在烤爐上設網而烤,成串而烤,比起我們的祖先來,已經單調得多了。

《齊民要術》是後魏賈思勰的撰著,而燒炙之法則早已有之。《禮記·禮運》篇説:"夫禮之初,始諸飲食。"又説:"以炮以燔,以亨(烹)以炙,以爲醴酪。"注説:"炮,裹燒之也。""燔,加於火上。""炙,貫之火上。"以"炮"、"燔"、"炙"三者分言之,統言之都稱"炙",而具體炙法不同。

《説文·十下·炙部》:"炙,炙肉也,从肉在火上。"戰國簡書"炙"的形作𤈦,象一塊吊着的肉在火苗上烘烤。分言之,炮、燔、炙是三種不同的烤肉法。《説文·十上·火部》:"炮,毛炙肉也。"字或作"炰"。段玉裁説:"毛炙肉,謂肉不去毛炙之也。"不去毛如何炙?《禮記·内則》注説:"炮者,以塗燒之爲名也。"這裏説的"塗燒"也就是《禮運》注所説的"裹燒"。所謂"以塗燒爲名",意思是"炮"從"包"得名,因其塗裹而爲之也。這大約是用泥塗在外面而用火烤,熟熱後,將泥剝下即把毛褪下。《説文·十上·火部》:"燔,蓺也。""燔"得名於"傅"。《詩經·大雅·生民》傳云:"傅火曰燔。"這是一種將成塊的肉一面一面平傅於火上翻烤的炙法,與"炮"法不相同。"燔"用來遺送兄弟之國,所以不但要烤熟,還要烤乾,以便保存得長久。而分言之的"炙",《禮運》注説:"貫之火上也。"這大約近於今天烤羊肉串之類的方式,而古代則常用於烤魚,方法是把魚的背部至腹部串上,一面烤,一面把調好的液汁刷在魚上。炙魚、炙肉,都是邊烤邊吃,不必保存的。《詩經》鄭箋説:"鮮者毛炮之,柔者炙之,乾者燔之。"正反映三種炙法的區別。

割與烹

早在公元前八九世紀，我們的老祖宗就已經有了比較成熟的烹肉技術。烹肉先將整牲宰割，割肉也很有些講究。《禮記·郊特牲》記載"腥肆爓腍祭"。"腥"是生肉，將整個的生肉割成大塊叫"肆"。肆解後將肉放在熱水裏叫作"爓"，煮沸後先將肉煮熟，熟肉叫"腍"。就是説，祭祀則用切割後的熟肉。不只祭祀如此，宮廷裏的膳食也用熟肉。《周禮·天官·內饔》："掌王及后、世子膳羞之割烹煎和之事。"割是解，也就是肆，烹是煮，煎是將汁煨乾並使肉爛，和是調和，就是加上甘、酸、辛、苦、鹹等五味的調味品。可見當時煮肉的技術已經有了一套程序，比較發達了。

古代切割整牲有兩種解法，一種叫"豚解"，一種叫"體解"。"豚解"是將牲畜切割爲七塊：左右前肢叫肱，左右後肢叫股，體中叫脊，脊的左右叫脅。肱二、股二、脊一、脅二，共是七塊。"體解"切割較細，共切割爲二十一塊：

前肢肱骨：最上是肩，肩下爲臂，臂下爲臑。

後肢股骨：最上是肫，也叫膞；肫下爲胳，或作骼；胳下爲觳。

中體正中脊骨：前爲正脊，中爲脡脊，後爲橫脊。

脊兩旁之肋脅骨：前爲代脅，中爲正脅，後爲短脅。

肱骨六、股骨六、脊骨三、脅骨六，共二十一塊。

肆解成大塊後,再細割爲小塊或薄片,然後加水煮。《吕氏春秋·本味篇》説:"凡味之本,水最爲始。五味三材,九沸九變,火之爲紀。"意思是説,在烹肉時,用水與用火是根本。煮肉時一開始用熱水(古時熱水叫"湯")大火,先沸一次,然後漸漸加水,開幾次後,肉熟了,即是"脍"——穀熟爲"稔",肉熟爲"脍"。然後用文火,即小火,慢慢煨,將肉湯煨成濃汁,肉也已糜爛。這是用水用火的一般規律。

用火用水之外,重要的是調味,也就是所説的"和"。《左傳·昭公二十年》記載晏子的話,解釋"和"。晏子説:"和如羹焉。水、火、醯、醢、鹽、梅以烹魚肉。燀之以薪。宰夫和之,齊之以味,濟其不及,以泄其過。"可以看出古代雖有甘、酸、辛、苦、鹹稱作五味,但基本的味道是鹹和酸。所謂"和",就是適中;所謂"調",就是加加減減,使其適中。所以孔穎達説:"齊之者,使酸鹹適中,濟益其味不足者,泄減其味大過者。"這正是確切地解釋了"調和"的意思。

這樣一整套的割烹技術,能在公元前八九世紀便十分完善,足見中華民族的文明發源極早。到了中古、近古和現代,烹肉的方法更多了,程序更細緻了,熟肉的烹飪技術有了更驚人的發展。但是這種"腥肆爓脍"的基本煮肉法,仍然爲後人所喜愛。只舉一件事便可看出。宋朝傳下一種爛煮肉,名叫"東坡肉"。推其命名由來,是因宋代大文學家蘇東坡的一首《食豬肉詩》而得名的。這種"東坡肉"的煮法,正與爓脍肉一樣。今天各種炖肉——清炖肉、紅燜肉等等,不過切割大小不同,施放佐料不同,究其基本煮法,也還是爓脍之法呢!

和·調·齊

——談古代烹飪的辯證法

中國古代的烹飪最講究"和"，烹調的技術全在一個"和"字上。"和"就是適中和平衡。適中和平衡不等於同一和單調，它是在差異和多樣的前提下實現的。要想瞭解古代烹飪的辯證法，可以憑藉一個古老的故事。《左傳·昭公二十年》記載：

> 齊侯至自田，晏子侍於遄臺，子猶馳而造焉。公曰："唯據與我和夫。"晏子對曰："據亦同也，焉得爲和。"公曰："和與同異乎?"對曰："異! 和如羹焉。水、火、醯、醢、鹽、梅以烹魚肉，燀之以薪，宰夫和之，齊之以味，濟其不及，以泄其過。君子食之，以平其心。君臣亦然。君所謂可，而有否焉；臣獻其否，以成其可。君所謂否，而有可焉；臣獻其可，以去其否。是以政平而不干，民無爭心。故《詩》曰：'亦有和羹，既戒既平，鬷嘏無言，時靡有爭。'先王之濟五味，和五聲也，以平其心，成其政也……今據不然。君所謂可，據亦曰可；君所謂否，據亦曰否。若以水濟水，誰能食之。若琴瑟之專壹，誰能聽之。同之不可也如是。"

晏子的這番話，是用烹調來比喻君臣關係，既說明了人與人關係的辯證法，又說明了烹飪的辯證法。用他的話說，烹飪要求"和"而不要求"同"。"同"是單一，也就必然單調，就如白水再加白水沒人愛吃；"和"是諧調，把多樣而豐富的條件加以增減配合，使其適中而不單調，這才是人們所追求的。異中求和，這就是在矛盾中求統一的辯證法。

從多樣與差異到適中與平衡，要經過"調"和"齊"。"調"是"和"的手段，"齊"是"和"的體現。晏子所説的"濟其不及，以泄其過"，就是"調"——多了，減一點，少了，加一些，直到適中爲止。把調節好的、效果最佳的數量比例固定下來，就是"齊"，也就是配方。今天寫作"劑"，《周禮》所説的"六食、六飲、六膳、百羞、百醬、八珍之齊"都是烹製飲食時數量搭配的比例配方。所以孫詒讓説："齊即分量之法。"

哪些東西需要經過"調"而達到"和"的標準呢？首先是水量和火候。《周禮》烹人掌"水火之齊"，《吳氏春秋·本味篇》説："凡味之本，水最爲始，五味三材，九沸九變，火之爲紀。"適當的火候和恰如其分的水量，改變火候大小和增減水量多少的時間，都與"和"有關。其次是味道。《周禮·天官·冢宰》説："凡和，春多酸，夏多苦，秋多辛，冬多鹹，調以滑甘。"甘、酸、辛、苦、鹹，稱作五味，五味益以滑，稱作六和。晏子所説的"醯、醢、鹽、梅"，都是調料。古代的調味，不只以可口爲標準，還以對人體健康有益爲標準，因此，不同的季節偏重不同的味道，古代以五行配五味，是用味在人體中起的作用作爲求"和"的先決條件的。所謂"食以養人，恐氣虛羸，故多其時味，以養氣也"。因此，五味之齊由"食醫"掌管，這是合飽腹、保健、營養、治療爲一體的。在古代的烹調術中，主食和副食中的魚肉菜也需要依據季節和身體狀況來求"和"，經過長期、多次地"調"，也產生了許多最佳方案，例如："牛宜稌，羊宜黍，豕宜稷，犬宜粱，雁宜麥，魚宜苽。"這都是肉食和主食的最佳搭配方案，也都是"齊"（劑）。

"和"是烹飪的最高標準——它既是健康與生存的需要，又是享受與陶冶性情的需要，因此，它是物質文明，又是精神文明。在古人的眼光裏，味的調和與聲的諧和都有一套辯證的、相輔相成的道理。所以晏子以"濟五味"與"和五聲"並提，他說：以水濟水，單調無味，没有人吃，就像琴瑟都是一個調兒，毫無韻味，也就没有人聽一樣。聲和味一樣，也需要"和"，所謂"清濁、大小、短長、疾徐、哀樂、剛柔、遲速、高下、出入、周疏，以相濟也"。達到"和"的標準的食物，"君子食之，以平其心"；達到"和"的標準的音樂，"君子聽之，以平其心"。心平則氣和，和味與和聲，都是可以陶冶人的性格的。

味與聲的關係，從文辭上也可以看得出來。"和"的本義是"唱和"，引申爲"味的調和"，《説文》寫作"盉"；又引申爲"和聲"、"和樂"，《説文》寫"龢"。"和"、"盉"、"龢"是同源字，説明味與聲感覺的相通。"聞"字古漢語裏只當"聽"講，而在現代漢語裏增加了"聞味兒"的意思，很多現代方言區又管"聞味兒"叫"聽味兒"。"味"，從"五味"的意思引申爲"氣味"，又引申爲"韻味"，再引申爲"趣味"，可見古人早就發現了聽覺、味覺、嗅覺的相通和這些感覺與人的性情的相關。宴飲奏樂古代早已有之，音樂可以佐食之故也。凡此種種，也應算是古代烹飪術中的辯證法吧！

附：引文今譯

齊國的君主打完獵從獵場回宮，晏子在遄臺（齊國宮内的瞭望臺）上陪着他，看見梁丘據（子猶）騎馬飛跑而來。齊景公説："梁丘據跟我稱得上是相和了。"晏子回答説："梁丘據跟您只是相同罷了，哪裏稱得上相和！"齊景公説："相和

與相同不一樣嗎?"晏子回答:"當然不一樣。相和就像做羹
食:水量和火候,加上醯(酢)、醢(醬)、鹽、梅來煮魚和肉,下
面架上柴燒。管伙食的宰夫搭配食物,調和各種味道,哪種
味兒不足,就增加一些;哪種味兒過分,就減掉一些。宮廷
中的人吃了,心情上是平靜安適的。君主與臣子的關係,與
羹食調味一樣。君主以爲可辦而尚有不恰當之處,臣子能
否定那些不恰當的,使可行的事更完備;君主打算否定而尚
有可行之處,臣子能够提供那些可行的,使否定的方面更恰
當。因此政局穩定而不存在干擾,民衆也沒有反對的意見。
所以《詩·商頌·烈祖》說:'(殷王中宗管理國家)像調和
適中的羹食,(他的賢臣)既能提醒他防止錯誤,又能配合他
諧調一致。因此上下無怨言,時民無爭鬥。'這就是說,先王
調和五味,諧和五聲,使人的性情平和,國內政治穩定……
梁丘據可沒有這樣的品質。君主認爲可以的,他也說可以;
君主認爲不行的,他也說不行。就像拿白水來調濟白水,誰
還願意吃? 就像琴瑟樂器全是一個調兒,誰還願意聽? 君
臣只能相和而不能相同,與這個道理是一樣的。"

陸宗達論著目錄

（畫＊者爲專著，其餘爲論文）

一九三二年

王石臞先生韻譜合韻譜遺稿跋　國學季刊 3 卷 1 號

一九三五年

音韻學概論　中國大學校刊

王石臞先生韻譜合韻譜稿後記　國學季刊 5 卷 2 號

一九三八年

＊慧琳一切經音義引用書索引（與戴明揚合編）　商務印書
館印

一九四八年

釋嬰　北京師範大學校刊

一九五一年

古代中國勞動人民對於天文曆法的貢獻　收《文藝集刊》第 1
册《愛國主義與文學》

一九五三年

漢語的詞的分類　語文學習 12 期

一九五四年

＊現代漢語語法（上册）（陸宗達、俞敏）　群衆書店

一九五六年

談談普通話爲什麼以北京語音爲標準　師大教學 1 月 20 日

一九五七年

　談一談訓詁學　中國語文 4 期

　談文字改革　文匯報 10 月 31 日

　談一談文字改革　文字改革 11 期

一九五八年

　古漢語課如何爲今服務(陸宗達、蕭璋、葛信益)　北京師範大
　學學報 3 期

一九六四年

　＊訓詁淺談　北京出版社

一九七八年

　《說文解字》的價值和功用　北京師範大學學報 3 期

　六書簡論　北京師範大學學報 5 期

一九七九年

　談中學語文教學中的訓詁問題　中學語文教學 1 期

一九八〇年

　烹飪與醫藥　中國烹飪 2 期

　談"加"、"暫"、"數"的詞義訓釋　遼寧師院學報(社科版)
　5 期

　"因聲求義"論(陸宗達、王寧)　遼寧師院學報(社科版)6 期

　釋"當具"——兼談訓詁在語文教學中的運用　語文教學通訊
　(山西)7 期

　"備行伍"解　語文教學通訊(山西)8 期

　"尚書"與"尚公主"　語文教學通訊(山西)10 期

　談"戲"與"麾"　語文教學通訊(山西)11 期

　"尉劍挺"解　教學通訊(鄭州)11 期

＊訓詁簡論　北京出版社

一九八一年

古漢語詞義研究——關於古代書面漢語詞義引申的規律（陸宗達、王寧）　辭書研究（上海）2 期

季剛先生二三事　新華文摘 3 期（轉自中央盟訊）

《說文解字》及其在文獻閱讀中的應用　文史知識 5 期

談談“因”字的形與義　教學通訊（鄭州）6 期

“言”與“語”辨　語文教學通訊（山西）5 期

《左傳》句義釋疑（三則）　遼寧師院學報（社科版）3 期

學點訓詁　中小學語文教學（青海）12 期

“麗土之毛”與“不毛之地”（陸宗達、王寧）　北京教育 4 期

＊說文解字通論　北京出版社

一九八二年

文獻語義學與辭書編纂——古代文獻詞義的探求（陸宗達、王寧）　辭書研究（上海）2 期

從段玉裁的《說文解字注》談辭書編纂　辭書研究（上海）3 期

談比較互證的訓詁方法（陸宗達、王寧）　訓詁研究（北師大）第 1 輯

字詞釋義三則　語文研究（山西）1 期

基礎與專攻——從黃侃師學習《說文解字》的體會　文史知識 5 期

談“社”與“后”　文史知識 6 期

關於訓詁學教學的幾個問題（陸宗達、許嘉璐）　北京師範大學學報（社科版）5 期

繼續走理論與實踐相結合的道路——祝賀《辭書研究》創刊三

周年　辭書研究(上海)5 期

一切學術文學應以訓詁爲址基　中學語文(湖北)8 期

一九八三年

爾雅(陸宗達、王寧)　文史知識 2 期

"不速之客"古義考　團結報 1 月 15 日

"絡繹不絕"本義考　團結報 2 月 19 日

"動輒得咎"解　團結報 3 月 19 日

論求本字(陸宗達、王寧)　漢中師範學院學報 1 期(創刊號)

"雉"的本義是繩子　文史知識 6 期

"囫圇"本字考　團結報 8 月 6 日

談訓詁學的理論建設(陸宗達、王寧)　青海師範學院學報(社
　科版)2 期

"朝夕相因"與"朝不及夕"　團結報 10 月 22 日

談段王之學的繼承和發展(陸宗達、王寧)　語文學習(上海)
　12 期

衩衣趣談──古代禮俗考之一　團結報 12 月 17 日

王松茂主編漢語語法研究參考資料序(陸宗達、宋玉珂)　中
　國社會科學出版社

　＊訓詁方法論(陸宗達、王寧)　中國社會科學出版社

一九八四年

關於幾個古代食品名稱的研究　中國烹飪 1 期

小談釋義及其他　辭書研究(上海)1 期

從舊經學到馬列主義歷史哲學的躍進──回憶吳承仕先生的
　學術成就　北京師範大學學報(社科版)2 期

皋比與虎皮　團結報 2 月 18 日

烹飪與用火　中國烹飪 3 期

成語"縱橫捭闔"解　團結報 4 月 7 日

釋"尾大不掉"　團結報 5 月 12 日

訓詁學的普及和應用(陸宗達、王寧)　中學語文教學 7 期

雅座與雅量　團結報 8 月 18 日

酸甜辣與酒　中國烹飪 8 期

淺論傳統字源學(陸宗達、王寧)　中國語文 5 期

從"武"的本義談因字形求本義的原則(陸宗達、王寧)　辭書
　研究(上海)5 期

左民安著漢字例話序　中國青年出版社

回憶吳晗同志　北京盟訊 9 期

黃侃先生的學術成就　收《語言學和語言教學》(北京市語言
　學會編,安徽教育出版社)

一九八五年

今注與古注(陸宗達、王寧)　中學語文教學 1 期

說"炙"(陸宗達、王寧)　中國烹飪 6 期

"伙伴"與"夥計"　團結報 7 月 27 日

訓詁學和現代詞語探源(陸宗達、王寧)　中學語文教學 8 期

烹飪名詞的考證　中國烹飪 8 期

黃季剛詩文鈔序　湖北人民出版社

傳統字源學初探(陸宗達、王寧)　收《語言論文集》(北京市
　語言學會編,商務印書館)

《說文解字》與本字本義的探求(陸宗達、王寧)　收《詞典和
　詞典編纂的學問》(辭書研究編輯部編,上海辭書出版社)

"不可救藥"解　團結報 12 月 28 日

一九八六年

和‧調‧齊——談古代烹飪的辯證法　中國烹飪 3 期

張慶綿、黃寶生編著中學古文注解考釋序　遼寧大學出版社

我的學、教與研究工作生涯　文獻 3 期

訓詁學的復生、發展、應用與訓詁方法的科學化（陸宗達、王
　寧）　收《中華文史論叢增刊：語言文字研究專輯（下）》（上
　海古籍出版社）

李建國著漢語訓詁學史序　安徽教育出版社

＊古漢語詞義答問（陸宗達、王寧）　甘肅人民出版社

《説文解字》與訓詁學　收《訓詁學的研究與應用》（王問漁主
　編，内蒙古人民出版社）

《説文》“讀若”的訓詁意義　同上

一九八七年

“且”和它的同源詞釋證　辭書研究（上海）1 期

話説“丹青”（陸宗達、王寧）　文史知識 3 期

章太炎與中國語言文字學（陸宗達、王寧）　百科知識 5 期

光明中醫函授教材古代漢語序　光明日報出版社

文字的貯存與使用——《説文》之字與文獻用字的不同　湖南
　師範大學學報（社科版）2 期

我與《説文》　書品 2 期

即將刊出論著

同源字與字源學（陸宗達、王寧）　（收入《古代漢語論文集》，
　將由岳麓書社出版）

＊《説文解字》與訓詁學　（將與商承祚教授所著《中國古代的
　文字》合編爲《中國的文字學與訓詁學》，由上海大百科全書

出版社出版）

朱星著中國語言學史序 （朱書將由江蘇教育出版社出版）

趙福海等編著文選譯注序 （趙書將由吉林文史出版社出版）

黃季剛日記序 （該書將由上海古籍出版社出版）

潘允中著漢語詞彙史概要序 （潘書將由上海教育出版社出版）

陳昌浩編説文解字今讀序 （陳書將由商務印書館出版）

紀念我的摯友黃焯 （收丁忱編次《黃焯文集》,將由湖北教育出版社出版）

《黃焯文集》序言 （同上）

檢齋先生與三禮研究 （本文爲作者在紀念吳承仕先生誕生一百周年大會上的發言,原爲《從舊經學到馬列主義歷史哲學的躍進》一文之續,發言時名以同題,正式發表時擬改此題目）

説文解字叙講讀 （該書由石定果、陸昕、楊潤陸、馮勝利整理,待出版）

後　記

　　這本書是按陸宗達先生的指示編排出版的最後一部書。陸先生沒有來得及見到書的出版，而於一九八八年元月十三日故去，使這本書成爲我們對他的永久紀念；因此，我願在這裏多説幾句話，來陳述這本書成書的過程和意義。

　　自一九八四年陸先生與我合寫的《訓詁方法論》出版以來，我們討論的中心漸漸集中到一個問題上，那就是，中國的傳統語言學，特別是傳統的文字訓詁學，將如何繼承和發展。陸先生常常爲這批寶貴的文化遺產不被理解和受到排斥而感到遺憾。但他毫無抱怨之心，每每聽到一些對傳統語言學的菲薄、否定之辭，他總是對我們説：“咱們的解釋工作做得太少，成果也太少，難怪人家不瞭解。”他也常常告誡來看望他的師兄弟們，千萬不要滿天飛，要坐下來幹點實事兒，包括多寫一點大家都感興趣的小文章，擴大一點人們對文字訓詁學的瞭解和認識。夏日苦長，工作之餘便是閑聊，往往扯出一字一詞一語，陸先生便對我説：“把這條兒寫下來吧，這條兒大家都能懂！”也有時論及一種方法或一點原理，陸先生也會興奮地對我説：“這一點很好，很透徹，趕快寫出來，要寫得讓外行看得懂。”久而久之，寫普及性的文章，便成爲我們的一項重要工作。我們絲毫沒有覺得這一工作是淺薄的，而是越來越深刻地認識到，一門社會科學，如果不能得到社會的關心，不能爲社會所應用，不論它掌握在多有名望的人手裏,也是没有生命力的。這幾年,我們通過許寶騄先生爲《團結報》寫的詞語詮釋和古代禮俗的短文、通過鄭炳中先生爲《辭書研究》寫的字詞考證文章、通過王問漁先生爲《中學語文教學》寫的訓詁知識講座,以及在《文史知識》上刊出的釋詞小品和在《中國烹飪》上刊出的烹飪名詞探源的散文,都是出於這種指導思想而寫的。雖然由於研究生教學工作和大型的科研課題占去了很多時間,我們的普及短文寫作只能是隨時地掇拾,但是我們從未輕視過它;而從這項工作裏,我才更深地瞭解到了陸先生的幾番心意。

陸先生非常留意字詞考據工作,他師從章黄,繼承乾嘉,精通《説文》,熟悉古代文獻,考據字詞往往有十分精闢的見解,講課時,爲了申明他考據的思路,一個詞兒講一兩節課時而有之;但他並不主張隨便寫這類文章,尤其對釋詞語的普及文章,選材很嚴:内容褊狹實用意義不大,或者證據不落實講起來過分紆曲的材料,他是絶不用來寫文章的。選出了一條材料,他對作文也不肯馬虎。他時常對我説:"現在的文章太難懂了,咱們可别學那個。話説得讓人不懂就學問大嗎? 説新的得讓人懂,説古的也得讓人懂,不然你説它幹什麽!"他還不止一次地説過:"講課、作文,都要學俞敏先生和啟功先生,不管問題多深、道理多新,他們説出來、寫出來全是那麽明白透徹。我看就是因爲透徹才説得明白,一明白了就讓人感覺透徹。"其實,陸先生自己也跟俞先生、啟先生一樣,不論問題涉及面有多廣,他總能條分縷析,放出去還準能收得回來,每點道理都是明明白白的。這樣的高標準,我以之爲努力方向——儘管要真正達到老師們的境界,對我是太難了。我還清楚地記得,一九八六年的夏天,陸先生要我把章太炎先生《文始》中講"青"字的一段文字單獨疏證出來,由此討論起《説文》"青"字從"丹"的造字意圖,又由此説到"丹青"這一雙音詞合成的原因和合成後的意義。先生給我寫了一頁資料,爲核對、篩選、解釋和梳理有關這兩個字的資料,我坐了好幾天圖書館,而寄給《文史知識》的短文《話説"丹青"》也才寫了一千來字。

重視第一手材料是傳統語言學家的本色,這是人所共知的;而要把古奥的材料運用得讓現代人能懂,却是一種更高的境界,這對陸先生這一代專家説來,比之他們寫深奥的文言考據文章,不是更容易了,而是一種思想的飛躍,學術的進步。還使我分外感動的是,陸先生越到晚年,越能超脱於自己的所學,進入很多新的學術境界。他承認《説文》學和訓詁學都要有新的理論,不能只搞單個字的考據,因此他時常和我們一起探究原理,特別是寫普及文章的時候,他常愛説:"這個理兒説得好,有理才能服人!"有一次,在論及高郵王氏父子的詞義考據文章也常出錯兒的原因時,我曾説:"材料固然重要,應當真實而充足,可考據不是材料的堆砌,還必須有正確的邏輯思路,有材料而不合邏輯,也會出錯兒。"話説了出去,我又有些後悔,怕先生批評我對先哲不恭。可是過了幾天,先生却讀起《經義述聞》來,而且翻出好幾條兒來對我説:"你看這個'貳'字、'從'字……都是因爲邏輯混亂而搞錯的。"又説:"王引之論假借,好多都是同源字通用,也是邏輯錯誤。"此後,他便時常要我們幫他檢查"推理上有没有錯誤"。當然,他很少出錯兒,陸先生給我們的感覺是,字和詞在他腦子裏都穿成了串兒,要有一個環節出了錯兒,他就能從前後左右的字詞裏擠出這個錯兒來。他太熟悉古人樸素的系統方法了，所以，當我們建議采用系統方法全面研究《説文》時，他是那麽高興，他提出的一些指導意見真是使我們驚服！而這樣深入的思考，他却總是主張要"説得讓別人懂"。爲了説明某些道理，陸先生曾多次告訴我：不妨多用一點讀者熟悉的例子，有些例子也不妨反復用，這樣，給大家留下的印象或許能深一些。我從先生的這些指示上，體會到他希望救活這門科學，唤起全社會和語文界對傳統文字訓詁學的關注的良苦用心。但我也非常明白，先生所期待的一切，並不是很容易達到的。除了已經進入這個領域的專業人員外，對於這些雖有利於國家民族的長遠利益，但眼前却不能生出功利，又無法迎合"時潮"的學科，能真正、長期關注的，恐怕是需要些韌性和膽識的人吧！

　　然而，我們微薄的工作却不乏反響，這些年，經常有人來信跟我們討論某字某詞的詮釋，其中往往涉及某些方法和原理。這些信裏，也有些是反駁我們的論點的，而陸先生却一律歡迎，甚至對個别因爲文化水平差無法理解訓詁問題而冒然提出異議的信，他都認真看，而且和我討論如何回信，直到他這次因病入院，還囑咐我替他回了十多位讀者和同行的來信。有些文章的題目，便是受來信啟發而想到的。比如，一九八五年十二月二十八日在《團結報》刊出的《"不可救藥"解》，就是因爲貴州省一位民辦中學教師來信問及"不可救藥"的"救藥"是哪種語法結構而引出的文題。

　　一九八六年九月，陸先生正在病中，我們爲訓詁方法提供例證的《古漢語詞義答問》終於見書了。這本書收了一九八二年以前我們所寫的字詞詮釋文章，不大的一本書，竟印了整整四年。

於是,陸先生指示我,把已經整理好的這部文稿,交給一個不至於一拖四年的出版社去印。一九八七年,聽説語文出版社答允出這部書,馮瑞生同志又承擔了本書的責任編輯,陸先生非常高興。那時,先生已住進友誼醫院,他在病牀上囑咐我,要把他的博士生宋永培爲他整理的幾篇文章編入,並且在作者裏加上宋永培的名字。

永培師弟是陸先生一九八五屆的博士生。出於對傳統語言學繼承與發展的熱望,陸先生對自己指導的研究生從來都是愛護倍至、不斷提携的。一九八五年以來,我們的任務重,人手又很少,許多科研工作需要研究生來完成,這給了他們很多鍛煉的機會。先生的博士生石定果、張萬彬、宋永培和李國英四位師弟,以及其他五位在校的碩士生,都對我們的工作有直接的幫助。特別是永培師弟,他在先生晚年和先生在一起的時間比別的同學更多,有時協助陸昕照顧先生生活,而且學習得很深入。永培對本書的編輯出版和校對,都做了很多工作,而且工作得也很細緻。我以爲,先生對他的愛惜絶不僅是對他一個人的關懷,而是寄托了對後學的無私而誠摯的期望之情,在傳統語言學未被更多人理解的今天,這種期望的深意我們總是久久銘記在心的。

這本書裏收入的,除個別幾篇外,大多是有關訓詁學的普及和應用的文章,篇數雖不是很多,却包含着我們已故老師的許多深意。爲了使讀者瞭解這層意思,也爲了答復幫助和關懷過我們的很多老師、朋友、同行的致意,我補寫了這篇後記。爲了紀念陸先生,我們在書後提供了他生前的著述目録。比起許多先輩時賢的著述,先生的書文寫作不算最豐厚,但他爲繼承中華民

族語言學的優秀遺産而終生努力的情愫，却如不盡的江河，總有
一天要流入大海的。

王　寧

寫於一九八八年二月十三日

陸宗達先生八十三歲誕辰